W0178673

Stefan Beuse
Gebrauchsanweisung für Hamburg

Stefan Beuse

Gebrauchsanweisung für Hamburg

Piper
München Zürich

© Piper Verlag GmbH, München 2001
Gesetzt aus der Bembo-Antiqua
Gesamtherstellung: Clausen & Bosse, Leck
Printed in Germany
ISBN 3-492-04304-6

Da läßt sich gut sitzen, und da saß ich gut gar manchen Sommernachmittag und dachte, was ein junger Mensch zu denken pflegt, nämlich gar nichts, und betrachtete, was ein junger Mensch zu betrachten pflegt, nämlich die jungen Mädchen, die vorübergingen – und da flatterten sie vorüber, jene holden Wesen mit ihren geflügelten Häubchen und ihren verdeckten Körbchen, worin nichts enthalten ist; da stolzierten die schönen Kaufmannstöchter, mit deren Liebe man so viel Geld bekömmt, da wandeln die Priesterinnen der schaumentstiegenen Göttin, hanseatische Vestalen, Dianen, Najaden, Dryaden, Hamadryaden und sonstige Predigertöchter – ach!

Heinrich Heine

Für Tanja

Inhalt

Gebrauchsanweisung für die Gebrauchsanweisung: Eine Reise zum Kern des Hanseaten

Über Hamburg gibt es weit mehr als 1200 Bücher. Sie tragen seltsame Titel wie »Mit Hund in Hamburg« oder »Hamburg von hinten«. Was immer damit gemeint sein mag. Jedenfalls sind über Hamburg mehr Bücher geschrieben worden als über München oder Berlin oder irgendeine andere europäische Stadt. Abgesehen von Rom vielleicht, aber selbst da bin ich mir nicht sicher.

Sie könnten sich also fragen, wozu Sie ausgerechnet dieses Buch hier lesen sollten. Zumal es keine Ausflugstips enthält, keinen Restaurantführer, keinen historischen Abriß, keinen Stadtplan und keine Angaben über die Länge des Abwasserkanalsystems. Dieses Buch hier bietet nichts von alldem, und trotzdem kann es Ihnen helfen, sich besser zurechtzufinden. Den Hamburger als solchen ein bißchen zu verstehen. Sogar, wenn Sie selbst Hamburger sind.

Denn eins steht fest: Als Zugereister, als »Quiddje«, bekommen Sie Probleme mit den Hanseaten. Es ist schwer, ihr Herz zu erobern. Es ist sogar unmöglich, wenn Sie nicht wissen, was den Hamburger umtreibt und was sein Herz bewegt. Wenn er denn eins hat.

Und darüber darf man durchaus geteilter Meinung sein.

Was Sie hier in den Händen halten, ist also kein Reiseführer, sondern eine Reise. Eine Reise zum Wesen einer Stadt und den Menschen, die darin leben. Eine Reise, die Ihnen den Hamburger und seine oft sonderbaren Verhaltensweisen näherbringen soll. Wir begleiten ihn durch den Tag, erleben ihn bei seinen Lieblingsbeschäftigungen, beobachten seine Gepflogenheiten und folgen ihm an Plätze, an denen er sich wohl fühlt.

Nach und nach werden Sie zum Kern der Hanseatenseele vorstoßen. Sie werden dabei Umwege gehen müssen, sich von hinten anschleichen und die Ohren spitzen, denn leicht wird es nicht werden, dem Hamburger sein Geheimnis zu entlocken.

Doch wenn er Sie einmal in sein Herz geschlossen hat, können Sie sicher sein, daß Sie da so schnell nicht wieder rauskommen.

Erste Station: Lockruf der Kräne

Nachts, an der Elbe, machen die Containerkräne Geräusche, die wie ein seltsames Weinen klingen. Sie stehen orange gegen einen blauschwarzen Himmel, die Luft ist ein duftiges Laken, und es geht ein Wind, der alle Sorten von Hamburgern eint, der Standesunterschiede aufhebt und Gehaltsklassen verwischen läßt: Er zaust das gegelte Haar der Generation Golf, zippelt an den Seidentüchern der Hautevolee und fährt in die Lagerfeuer der Camper und Studenten, die dasitzen, Astra aus der Flasche trinken und alles grillen, was nicht bei drei auf dem Baum ist. Man sieht den Mond und die Sterne, hört das Knistern der Lagerfeuer und das Lachen glückstrunkener Menschen, das Klirren der Gläser, und es ist wie sonst nur in der Silvesternacht oder beim Hafengeburtstag: Die Sommernacht führt sie alle zusammen, am Ufer der Elbe; die einen an den warmen Asphalt bei den Landungsbrücken, die anderen an den Sandstrand am Falkensteiner Ufer in Blankenese; der Rest bewegt sich irgendwo dazwischen. Wie ein gesellschaftliches Barometer mit Nord-Süd-Gefälle säumt die Hamburger Bevölkerung den Flußlauf, überragt von der Erhabenheit der Containerkräne, die nichts beweisen wollen, sondern einfach sind – und sich deswegen auf wundersame Art in die Poesie einer Stadt fügen, die man erst begreift, wenn es dunkel wird.

Bei mir, jedenfalls, hat alles damit angefangen. Mit diesen Kränen. Vielleicht sind Sie mal Richtung Elbtunnel nach Hamburg gefahren, eine monotone Autobahn entlang, die nichts zu bieten hatte außer gleichmäßigen Fahrgeräuschen und Lichtern, die in betäubender Regelmäßigkeit an Ihnen vorbeiflogen. Vielleicht dachten Sie gerade daran, etwas zu kaufen. Ein Eis vielleicht, um nicht einzuschlafen. Und plötzlich, als tauchte vor Ihnen eine neue Welt auf, erhebt sich dieser Containerhafen aus dem Dunkel, und Sie möchten sich die Augen reiben. Weil Sie sich wie in Disneyland fühlen. Nicht so bunt, nicht so schrill, aber verzaubert.

Es war am zweiten Weihnachtstag, als ich zum erstenmal nach Hamburg gefahren bin. Wir waren auf einem Zweiter-Weihnachtstag-Verwandtschaftstreffen, mit selbstgemachter Stachelbeerkremtorte und Kaffee und zotigen Witzen, mit all der Enge und den beklemmenden Gefühlen, die von Cordsitzgruppen und Wurzelholzmännchen auf Fernsehgeräten ausgehen; es muß zwischen dem dritten Kaffee und dem ersten Bier gewesen sein; die Schnittchen waren kurz davor, ins Wohnzimmer getragen zu werden, Salzstangen steckten im Käse, und Gurkenhälften durchweichten die Salami, als ich meine Cousine ansah und verstand: Raus hier. Nur weg. Das ist das Ziel.

Wir drückten also Papierservietten mit Tannenbäumen gegen unsere Münder, schoben die Stühle, auf denen wir saßen, nach hinten und sagten: »Wir fahren.«

»Wo wollt ihr denn hin?« fragten unsere Verwandten.

»Nach Hamburg«, sagte meine Cousine, weil ihr nichts Besseres einfiel. Und: »Wir kommen morgen wieder.«

Unsere Verwandtschaft schaute ungläubig. Ihre Kuchengabeln und Gläser und Tassen verharrten auf halbem Wege zum Mund, und eilig nickend schob ich nach: »Ja. Nach Hamburg. Wir fahren nach Hamburg. Und morgen kommen wir wieder.«

Ich weiß nicht, ob ich zu dem Zeitpunkt schon mal daran gedacht hatte, nach Hamburg zu fahren, aber Hamburg klang gut, also stiegen wir in den Wagen und fuhren los. Als wir auf der Autobahn waren, drückte ich ein *Bad Religion*-Tape ins Radio. Es war die Zeit, in der die Hamburger Hafenstraße noch jeden Abend in den Nachrichten vorkam, und wir trugen Lederjacken. Ich glaube, wir kamen uns ziemlich verwegen vor, mit unseren Lederjacken und *Bad Religion* im Radio, so plötzlich dem Schoß unserer Verwandtschaft entflohen, aus dem überheizten Wohnzimmer in die Kälte dieses zweiten Weihnachtstags. Wir hörten »21st Century Digital Boy« und berauschten uns an unserer Wildheit. Meine Cousine sprach von Leuten, die sie in der Hafenstraße kenne, von einer Kneipe, die »Störtebecker« heiße und eigentlich gar keine Kneipe, sondern bloß eine Bretterbude sei, die die Hafenstraßenbewohner errichtet hätten, alles total wild und total frei, und wild und frei, das war genau das, was ich an diesem Abend wollte, und so bekam ein Lebensgefühl für mich zum erstenmal ein Ortsschild. »Hamburg« stand darauf, und es verdeckte alles, was ich bisher mit der Stadt in Verbindung gebracht hatte, ohnehin nicht mehr als eine blasse Mischung aus Hans Albers, den Beatles und einem langweiligen Ehepaar, das irgendwie mit den Eltern meiner Cousine befreundet war: Der Mann trug einen Vollbart, und die Frau hatte ein rundes, rotes Gesicht. Beide sagten nie viel, aber sie schienen sich gut zu verstehen, in ihrem Schweigen.

Auch wir verstanden uns gut in unserem Schweigen, und als kurz vor Hamburg ein Schild mit der Aufschrift »Tötensen« kam, imitierte meine Cousine ein Monster; ihre Hände erstarrten zu Krallen, und mit Grabesstimme sagte sie *Tööötensenn!*, was so ähnlich klang wie *Töten Sie ihn*, und gerade als ich mich fragte, wo wir übernachten sollten, tauchte Hamburg vor uns auf wie ein gigantischer Sonnenuntergang. Die Nacht erstrahlte in orangefarbenem Licht, und plötzlich war ich verliebt. Noch bevor ich ausgestiegen war. Noch bevor ich den Wind gespürt hatte. Und lange bevor ich den eigentümlichen Charme meiner zukünftigen Mitbewohner schätzen lernte.

Zweite Station: Am Ende des Tunnels

Wer mit dem Auto nach Hamburg will und es nicht besser weiß, fährt durch den Elbtunnel. Und zwar ganz langsam. Weil's so schön ist.

Es soll ja Leute geben, die geradezu süchtig nach Staus sind. Die irgendwie das Gefühl brauchen, im Kollektiv Widrigkeiten ausgesetzt zu sein, die sie nicht selbst zu verantworten haben: »Ich bin ein Spielball der Elemente« – und freuen sich dann darüber, daß es anderen auch nicht besser geht. Trotzdem, und das unterscheidet sie von den meisten ihrer Leidensgenossen, sind sie auf alles vorbereitet. Das heißt: Sie haben ihren Picknickkorb immer dabei. Per Handy informieren sie den ADAC über die aktuelle Verkehrslage. Über Seiten- und Rückspiegel und durch Fensterscheiben kommunizieren sie nonverbal mit den Staugenossen, jovialen ein »Tja, was soll man machen«-Schulterzucken nach rechts, dokumentieren ihre Komplizenschaft mit dem »Herrgott, wann geht das denn endlich weiter«-Choleriker mit pausenlosem Gehämmere auf das Lenkrad nach links und fühlen sich bei alldem im Grunde pudelwohl.

Diesen Leuten ist der chronische Elbtunnelstau die

tägliche Dosis Methadon bis zum Beginn der Sommerferien. Und wie bei allen wirklich großen Staus weiß auch bei diesem niemand so recht, wie er überhaupt zustande kommt. Denn wie durch ein Wunder geht es nach dem Tunnel – egal, von welcher Seite man durchfährt – plötzlich zügig weiter, und das kann nicht nur damit zu tun haben, daß ständig irgendeine Röhre neu gebaut wird oder gesperrt ist. Das hat mit etwas Grundsätzlichem zu tun. So etwas wie einem Geburtskanaltrauma. Wie sonst ist es zu erklären, daß es bis zur tiefsten Stelle, die knapp dreißig Meter unter der Wasseroberfläche liegt, kaum vorangeht (ein tastendes, sich gegen die Schwerkraft stemmendes und bremsendes »Nein, ich will nicht«), und wenn diese Stelle überwunden ist, geben plötzlich alle Gas?

Ich weiß es nicht. Und vielleicht ist es sogar gut, gewisse Hamburger Eigenarten nicht zu verstehen. Nur: kennen sollte man sie. Denn am Ende des Tunnels wartet eine ganz neue Welt. Eine Welt aus Wasser, Wind und Barbourjacken, aus rotem Backstein und prunkvollen Villen, aus hypermodernen Businesstempeln und dem Geruch von Teer und Fisch. Eine Stadt, die wie eine aristokratische Diva würdevoll zwischen Glamour und Gosse schwankt, mit Menschen darin, die alle irgendwie britisch tun, und vielleicht liegt da der wahre Grund für den Elbtunnelstau. Vielleicht möchte man die Einreisedauer schlicht der Fahrt durch den britischen *chunnel* angleichen, jenen fünfzig Kilometer langen Kanaltunnel zwischen Großbritannien und Kontinentaleuropa, dessen

Durchquerung mit dem Hochgeschwindigkeitszug immerhin eine gute halbe Stunde dauert. Denn das ist in etwa die Zeit, die man auch mit dem Auto braucht, um die drei Kilometer unter der Elbe durchzufahren. Egal, zu welcher Zeit. Egal, wieviel Verkehr ist. Egal, wie oft Polizeidurchsagen daran gemahnen, bitte zügig weiterzufahren, weil der nachfolgende Verkehr behindert werde: Es finden sich immer ein paar Hamburger, die die Röhren verstopfen, um den Neuankömmlingen Respekt beizubringen. Wie Eltern am Heiligen Abend fühlen sie sich dann, die ihre neugierigen Kinder im dunklen Zimmer eingesperrt lassen, in der irrigen Annahme, das Warten auf die Bescherung sei doch immer noch am schönsten, und die Gaben würden sie reich entlohnen.

Daß es sich lohnt, das Warten, daran besteht für Hamburger natürlich überhaupt kein Zweifel. Schließlich leben sie in der schönsten Stadt Deutschlands. Wo, bitte schön, gibt es sonst noch mitten im Zentrum einen riesengroßen See, auf dem man sogar segeln kann? Wo sonst gibt es so viele gutaussehende Menschen, einen Hafen, der keinen Vergleich scheuen muß, wo gibt es so viel Grün, so viel Geld, so viele Legenden?

Daß Hamburg eine Stadt mit hoher Lebensqualität ist, scheint auf der Hand zu liegen. Deshalb gibt es für die zur Tiefstapelei neigenden Hamburger auch nicht den geringsten Grund, das ständig zu betonen. Hamburg muß man nicht erklären. Hamburg ist.

Aus der Luft betrachtet gehört die Hansestadt sogar zu den grünsten Städten Europas. Allein der Ohlsdorfer Friedhof hat eine Ausdehnung von über vierhundert Hektar – und ist damit der zweitgrößte Friedhof der Erde. Mit seinen aktuell knapp dreitausend Brücken steckt Hamburg die Vorzeige-Brückenstädte Amsterdam, London und Venedig (Hamburg hat etwa siebenmal mehr Brücken als die Lagunenstadt!) zusammen locker in die Tasche, und auch sonst platzt Hamburg buchstäblich vor Superlativen. Zum Beispiel gibt es keine andere Stadt, die derart unsentimental mit den Zeugnissen ihrer eigenen Geschichte umgeht: An der Stelle, an der Hamburg einst gegründet wurde, findet sich heute keine Gedenktafel, sondern ein staubiger Parkplatz. Der mittelalterliche Dom ist längst abgerissen. Die Keimzelle des Hafens zugeschüttet. Und das einstige Gängeviertel zwischen Rathaus und Bahnhof wurde einfach plattgemacht. Ende des vergangenen Jahrhunderts fiel sogar ein ganzes Stadtviertel mit immerhin 25 000 Einwohnern einer rigorosen Sanierung zum Opfer. Dort entstand zwar die weltweit einzigartige Speicherstadt, die bis heute Zollausland geblieben ist und zu den bedeutendsten Hamburger Baudenkmälern gehört, aber auch das hindert den Senat nicht daran, über ihren Verkauf nachzudenken.

Nur wenige Dutzend Bauwerke sind überhaupt noch aus der Zeit vor 1800 erhalten, und maßgeblich schuld daran ist weder der Große Brand von 1842 noch der Erste Weltkrieg, der Hamburg weitgehend unversehrt gelassen hat, und auch nicht der Bombenhagel von 1943, sondern: die Neubauwut der Hanseaten. Diese Herzlosigkeit gegenüber der eigenen Vergangenheit ist es wohl, die den Kunsthistoriker Alfred Lichtwark bereits vor über hundert Jahren dazu veranlaßte, Hamburg mit dem wenig rühmlichen Zusatz »Freie und Abrißstadt« zu versehen.

Allein: den Hanseaten kümmert's wenig. Ausgestattet mit der Poesie eines Frachtbriefs, hauen die Enkel der vielgeschmähten »Pfeffersäcke« (eine Bezeichnung für den hanseatischen Kaufmann, den es ständig nach Geschäften drängt und der es zu was gebracht hat – vielleicht sogar mit Pfeffer, der einst so kostbar war, daß er mit Gold aufgewogen wurde) alles kaputt, was ihnen im Weg steht. Ohne Rücksicht auf Geschichte. Aber mit viel Rücksicht auf Verluste: Wenn's um Geld geht, kennt die Hanseatenseele weder Freunde noch Verwandte. Ganz zu schweigen von Ikonen. Hamburger wären sogar in der Lage, im Michel einen McDrive zu eröffnen – ohne mit der Wimper zu zukken. Vorausgesetzt natürlich, das Angebot stimmt.

Die größten Katastrophen wären nicht geschehen, wenn die Pfeffersäcke nicht im Weg gestanden hätten. Der Große Brand vom Mai 1842 zum Beispiel, der drei Tage lang wütete und fast die gesamte Innenstadt zerstörte. Hätte man rechtzeitig Schneisen in die Häuserzeilen gesprengt, wäre das Schlimmste verhindert worden. Doch der Senat lehnte ab – weil er Regreßansprüche der Hausbesitzer fürchtete. Das einzige, das man bezeichnenderweise zu retten verstand, war, natürlich: die Börse.

Hausgemacht war auch die große Choleraepidemie von 1892, bei der fast 10 000 Menschen starben, weil eine Sanierung der Gängeviertel verschleppt worden war. Dort herrschten hygienische Zustände, die Robert Koch, den Entdecker des Choleraerregers, vergessen ließen, daß er sich in Europa befand.

»Begegnet man zufällig einem Kaufmann auf der Straße und begrüßt ihn, so macht er ein Gesicht, als erwarte er zwei Prozent für die Erwiderung des Grußes«, hat ein Besucher der Hansestadt mal geschrieben, und geht man heute an einen der wenigen Orte, an denen die gute hanseatische Kaufmannstradition noch in Reinkultur gepflegt wird, so stellt man fest, daß sich daran kaum etwas geändert hat. Nur der Prozentsatz ist – der schleichenden Inflation entsprechend – angemessen erhöht worden.

Sie merken also: Nach dem Elbtunnel sollten Sie sich anschnallen. Vergessen Sie alles, was Sie je über Seefahrerromantik gehört haben. Über die Reeperbahn nachts um halb eins. Über die Beatles im Starclub. Über Blaue Jungs und Hamburger Deerns. Hamburg ist anders. Ganz anders. Die Männer in der Hansestadt sehen nicht aus wie eine Kreuzung aus Helmut Schmidt und Hans Albers. Und die Frauen sehen auch nicht aus wie eine Kreuzung aus Veronica Ferres und Marlene Dietrich. Wenn Sie auf St. Pauli tatsächlich noch einen Seemann treffen sollten, können Sie sicher sein, daß er arbeitslos ist: Die Liegezeiten der Schiffe im Hafen sind mittlerweile so kurz, daß die Matrosen gar nicht mehr an Land können. Echte Seeleute gibt es kaum noch. Und wenn Sie doch mal jemanden treffen, der wie ein Seemann aussieht, dann haben Sie es mit einem hoffnungslosen Nostalgiker zu tun, der sich verkleidet hat und sich jede Nacht im »Silbersack« nahe der Reeperbahn betrinkt – der letzten Bastion Hamburger Klischees. Dort (und nur dort) gibt es noch eine alte Jukebox, in der Sie sämtliche Hans-Albers-Singles finden. Nur darauf segeln noch »Veermaster«, und nur im »Silbersack« wird ein »Junge, komm bald wieder« noch laut und falsch und begeistert mitgesungen. Aus Kehlen, die rauh sind wie die Nordsee.

Aber außerhalb weht ein ganz anderer Wind. Der Wind einer Freiheit, die nichts mit Seefahrerei und nichts mit der berühmten »Großen Freiheit Nr. 7« zu tun hat, sondern mit der Freiheit des Handels und der Freiheit, seine eigenen Gesetze machen zu können.

Diese Freiheit hat eine lange Tradition, denn seit mehr als fünfhundert Jahren gibt es keine Fürsten oder sonstigen Herrscher mehr in dem Stadtstaat. Nachdem die von Ludwig dem Frommen um 831 begründete Siedlung »Hammaburg« (die übrigens immer noch weiß auf rotem Grund das Stadtwappen ziert) sowie die später errichtete »Neue Burg« meist unter dänischer oder holsteinischer Herrschaft gestanden hatten, agierte die Freie Reichs- und Hansestadt ab 1400 selbstbewußt zu Wasser und zu Lande – weshalb den Hamburgern auch heute noch gerne nachgesagt wird, sie trügen zwar den Kopf, nicht aber die Nase oben.

Ihre Nase halten sie bestenfalls in den Wind, der natürlich immer weht. Sogar morgens um sechs, wenn er die Hansestädter zum frühmorgendlichen Joggen um die Alster ruft, und auch an diesem zweiten großen

Gewässer sind alle Hamburger gleich: Studenten aus dem Univiertel, Banker, die sich für den sozialdarwinistischen Überlebenskampf im Businessdschungel fit machen, Trendglatzen und natürlich die versammelten Kreativabteilungen der großen Werbeagenturen mit rufbereiten Handys laufen und schwitzen (freilich in unterschiedlich teurem Tuch) und fühlen sich unsagbar: frei. Frei von Fett, frei von der Unbill des Alltags und frei von finanziellen Beschränkungen. Prominenz trifft hier rund um die Uhr auf gemeines Volk, Sehen auf Gesehenwerden, Schaulaufen auf Schauerlaufen, und alle haben einen anderen Takt im Ohr, einen anderen Rhythmus, eine andere Melodie; aus jedem Walk- oder Discman dirigiert ein anderer Choreograph den Soundtrack zum Alsterlauf, und großartig bläht dazu der Wind der Freiheit die Segel auf dem anderthalb Quadratkilometer weiten Gewässer, und nicht minder großartig bläht er die Brust der Villenbesitzer und Kaffeeröster an dessen Ufer. Ein Bootsanleger, an dem gern auch gespeist und getrunken wird, nennt sich programmatisch »Bobby Reich«, stellt so etwas wie die hanseatische Variation zum Thema Biergarten dar und darf mit Recht eine Hamburger Institution geheißen werden. Auch wenn der reiche Bobby längst mit seinem vielen Geld nach Afrika gegangen ist – oder sonstwohin, wo immer die Sonne scheint, jedenfalls weg aus Hamburg –, kommt trotzdem noch jeden Tag der Geruch gutbürgerlichen Essens aus dem Lokal, und dieser Geruch trägt uns geradewegs zu unserer nächsten Station.

Dritte Station: Hamburg rot-weiß

*L*aut eines mehr oder minder geflügelten Wortes ist man angeblich das, was man ißt. Und da wir uns der Hanseatenseele tastend nähern wollen, probieren wir es doch mal auf diesem Weg.

Also: Wenn es stimmt, daß der Hamburger ist, was er ißt, dann wäre er ein lupenreiner Kosmopolit. Oder: ein entwurzelter Allesesser. Ein herrenloser Feinschmecker. Kurz: ein Barbar.

Nein. Es wäre gelogen zu behaupten, es gäbe keine gewachsene regionale Küche in Hamburg. Aber eingedenk der Tatsache, daß Hamburg schon immer zu den reichsten Städten der Welt zählte und die wohlhabenden Kaufmannsfamilien sich Bedienstete leisten konnten, die sie – ihrer jeweiligen Herkunft entsprechend – bekochten, verwundert es nicht, daß die Auswahl an hanseatischer Hausmannskost relativ überschaubar ist – schon deswegen, weil es kaum hanseatische Hausfrauen gab; jedenfalls nicht solche, die typisches »Arme-Leute-Essen« zubereitet hätten. Und typisches »Arme-Leute-Essen« ist es, das eine Region kulinarisch färbt. Italien ist untrennbar mit Pizza und Pasta verbunden, Spanien mit Paella, Mexiko mit Tortillas, und natürlich sind Pizza, Tortilla und Paella nichts weiter als »Resteverwertungsessen«: Alles ist drin, was die Küche hergibt – oder was vom Vortag übrigblieb.

Die Hamburger Entsprechung des Resteverwertungsessens ist die sogenannte »Aalsuppe«, die zwar nichts mit Fisch zu tun hat, in der man aber sonst so ziemlich alles finden kann, was man darin zu erkennen glaubt. Denn »al« – mit gedehntem »a« gesprochen – bedeutet auf gut hamburgisch nichts anderes als »alles«, und wenn man darin hier und da auch mal ein paar Aalstücke sieht, dann nur deshalb, weil sich unwissende Touristen immer wieder darüber beschweren, daß in der Aalsuppe kein Aal sei, und das gehe ja wohl nicht, eine Aalsuppe ohne Aal. Naja, und da hatten die Hamburger Gastronomen irgendwann einfach keine Lust mehr, sich das immer wieder anzuhören und immer dieselbe alte Geschichte zu erzählen, und seitdem schwimmt in der Aalsuppe manchmal auch Aal. Hauptsächlich jedoch besteht die süßsauer und recht scharf schmeckende Suppe aus der Brühe von Schinkenknochen, Gemüse und Kräutern, Schinkenspeck, Bohnen, Grießklößchen, Dörrpflaumen und -birnen, getrockneten Aprikosen, Weißwein, Pfeffer, Zimt und Nelken. Wer sich nicht vorstellen kann, daß das schmeckt, hat vermutlich recht. Alle anderen dürfen gerne mal einen Teller probieren.

Andere typisch hamburgische Gerichte sollen dicke Bohnensuppe mit Birnen und Speck, Erbsensuppe mit Snuten und Poten (Schweinebacken, Ohren und Pfoten), Hamburger Pannfisch (verschiedene Fischstücke in Senfsoße), Buttermilch-Graupensuppe, Fliederbeersuppe, Rode Grütt (Rote Grütze) und – natürlich – das Labskaus sein. Doch zumindest bei letzterem scheint unstrittig, daß es aus Bremen stammt – was eigentlich schade ist, stellt es doch die Aalsuppe, was die Abartigkeit der Zutaten angeht, weit in den Schatten: Gepökeltes und gekochtes Rindfleisch geht bei dieser internationalen Seemannsspezialität, die bereits in Herman Melvilles »Moby Dick« Erwähnung findet, eine unwiderstehliche Liaison ein mit pürierten Kartoffeln, Zwiebeln, Gewürzen und roter Beete. Das alles wird zu einem Brei vermanscht, ein Rollmops kommt dazu, und obendrauf, als Krönung gewissermaßen, wird ein Spiegelei gelegt.

Was jedoch den weltweit mittlerweile inflationär vertriebenen »Hamburger« angeht, so darf vermutet werden, daß der Ursprung des Wortes nicht auf das englische »ham« zurückgeht, sondern daß der Fleischklops zwischen Teigdeckeln tatsächlich nach der Hansestadt benannt wurde: Um die Jahrhundertwende, als sich die Tische der Kaufmannsfamilien noch unter der Last fetter Braten, mächtiger Soßen und üppiger Nachspeisen bogen, gönnte sich das einfache Volk zur Feier des Tages ein »Rundstück warm« – also eine aufgeschnittene Semmel mit einer ordentlichen Scheibe Schweinebraten und viel Soße dazu. Die Legende besagt nun, daß ein ausgewanderter Hamburger in Amerika seinen Lebensunterhalt mit dem Verkauf des »Rundstücks warm« verdient habe, und natürlich sind alle Hamburger davon überzeugt, daß dieses Brötchen mit Fleisch drauf der Vorläufer des weltbekannten Burgers war.

Absolut unstrittig dagegen ist, daß das Alsterwasser (helles Bier mit Zitronenlimonade, jeweils zu gleichen Teilen gemischt, vergleichbar mit der bayerischen »Radlermaß« oder dem »Potsdamer« im Berliner Raum) seine etymologischen Wurzeln in der Hansestadt hat: Früher wurde das Wasser zum Brauen des Bieres direkt aus den Fleeten der Alster genommen. Dort landete aber auch der ganze Dreck, so daß man die Bewohner aufforderte, an bestimmten Tagen »nicht in die Alster zu scheißen«, weil am nächsten Tag gebraut wurde. Die Tatsache, daß es heute verboten ist, in der Alster zu baden, hat damit jedoch nichts mehr zu tun, denn die Wasserqualität der Alster ist relativ gut – dort sind aktuell sogar über zwanzig Fischarten heimisch. Es ist nur schlicht untersagt, ein Gewässer zum Baden freizugeben, in dem die Sichttiefe weniger als einen Meter beträgt. Daß das so ist, liegt wiederum daran, daß viele Nebenarme der Alster aus Moorgebieten kommen. So bleibt selbst ein Gewässer, das an seiner tiefsten Stelle lediglich zweieinhalb Meter mißt, bis heute undurchschaubar.

Ach ja: der s-teife Grog kommt natürlich auch aus Hamburg. Frei nach dem Motto: Rum muß, Zucker darf, Wasser braucht nicht. Eine gewöhnungsbedürftige Sonderform ist der mit Eigelb zubereitete Eiergrog. Aber der ist, genau wie eine Kuriosität namens »Koks« (nicht zu verwechseln mit dem umgangssprachlichen Ausdruck für Kokain) auch unter hartgesottensten Hamburgern kaum noch zu finden. »Koks« nämlich ist für echte Kerle und bezeichnet ein in Rum getränktes Zuckerstück, das mit groben Kaffeebohnenkrümeln bestreut wird und bei Windstärke zwölf sicher Wunder wirkt.

Die hanseatische Getränkeliste vervollkommnet der »Köhm«, ein klarer Schnaps mit leichtem Kümmelgeschmack, der gern zum Bier getrunken und besonders in hafennahen Kneipen mit »lütt un lütt« bestellt wird. Doch abgesehen von diesen Relikten der Hamburger Traditionsküche, die man ohnehin nur noch in ausgewiesenen Lokalen auf der Karte findet (die allesamt aussehen, als säßen darin ausschließlich Heidi-Kabel- und Willy-Millowitsch-Doubles), wird das heutige Hamburg auch kulinarisch seinem Slogan »Tor zur Welt« gerecht: Von Ägypten bis Zypern darf hier fast jedes Land seine Kochkünste präsentieren.

Hamburg ist, wenn man dem »Feinschmecker« glauben darf, kulinarisch sogar die Nummer eins in Deutschland. Und das nicht, wie man vermuten könnte, wegen absoluter Topadressen, sondern dank einer sehr soliden Mittelklasse. Die nämlich heimst, alles in allem, mehr Feinschmecker-Punkte, Sterne, Häubchen und Gäbelchen ein als jede andere Stadt.

Hamburgs nicht unbedingt bestes, aber bekanntestes Kiezrestaurant ist schon seit etwa hundert Jahren erfolgreich: Das »Cuneo« an der Davidstraße. Seit 1905 ist dieses kleine Lokal im Besitz derselben Familie. Noch heute kümmert sich ein Herr Cuneo stets persönlich um das Publikum, zu dem überdurchschnittlich viele Prominente gehören – tatsächliche und eingebildete. Roger Willemsen behauptet, daß man nach Feierabend das »Cuneo« kaum betreten kann, ohne Stefan Aust im Kreise seiner Praktikantinnen sitzen zu sehen. Da soll er dann mit der Faust auf den Tisch schlagen und den Raum mit Sätzen beschallen, die alle mit »Wenn das in Deutschland einreißt ...« anfangen.

Da der Restaurantchef nicht immer wissen kann, wer gerade aus welchem Grund wichtig ist, behandelt er jeden Gast wie einen Ehrengast und hilft zum Abschied allen Damen in den Mantel.

Auch das »Rive«, unten am Englandfähren-Ableger, war lange ein Umschlagplatz des journalistischen Genußmittelhandels. Die Chefredakteure gingen immer noch vor dem Küchenchef von Tisch zu Tisch und begrüßten Kollegen und Konkurrenten. Man achtete hier auf den verbindlich unverbindlichen Ton auch deshalb, weil man sich auf dem engen Raum Hamburgs ständig wiederbegegnete. Heute ist das »Rive« zum allgemein-repräsentativen Feinschmekkertreff geworden, in dem am Nachbartisch von Regisseur Dieter Wedel auch mal Börsengrößen statt Medienmacher sitzen können.

Kulinarisch zählt das »Landhaus Scherrer« an der Elbchaussee seit fast einem Vierteljahrhundert zum Besten (und Teuersten), was Hamburg zu bieten hat, von den Preisen her nur noch übertroffen von dem wenige Häuser weiter gelegenen »Le Canard«: Hier wird perfekte Nouvelle Cuisine für Großverdiener geboten.

Wer meint, wenn er schon in Hamburg ist, müsse er unbedingt Fisch essen, dem sei das »Fischereihafen-Restaurant« an der Großen Elbstraße empfohlen. Oder »Cölln's Austernstuben«, in denen hanseatische Kaufleute seit Jahrhunderten ihre Austern schlürfen. Schon Heinrich Heine speiste hier mit seinem Verleger im Séparée. Neben Austern sind außerdem Kaviar und Hummer die Klassiker auf der Karte, und wenn Sie jetzt denken: »Hm, klingt nach einem Restaurant, in dem ich für eine Flasche Wasser ...«, dann haben Sie absolut recht. Eine Flasche Bismarck (ein mäßiges Mineralwasser, das im Supermarkt für 99 Pfennig zu haben ist) kostet hier stolze: 15,80 DM.

Zünftiger geht es im nicht minder legendären »Old Commercial Room« in der Neustadt zu. Nicht nur Altbundeskanzler Helmut Schmidt fühlt sich in der maritim-hanseatischen Atmosphäre dieses Traditionslokals wohl: Wer einmal das Hamburger Nationalgericht aus Bremen kosten möchte, sollte es hier tun. Das Labskaus gilt nämlich immer noch als das beste der Stadt.

Eine Hamburger Besonderheit sind sicherlich die mittlerweile vier Asien-Restaurants und Imbisse der Koreanerin Lee Kae Soom, die alle »Bok« heißen. »Bok« bedeutet auf koreanisch »Glück«, und Glück hatte die siebenfache Großmutter mit ihrem ersten und bis heute reizvollsten Lokal im Schanzenviertel gewiß: Der einfache Stehimbiß avancierte schnell zum

Intreff und ist immer noch (und egal, wann man ihn betritt) rappelvoll. In einem Hinterzimmer, das irgendwie mafiamäßig aussieht, fläzt man sich auf umgedrehten Bierkisten mit der Pappe von Getränkedosenpaletten als Sitzkissen drauf, schlürft Kokossuppe und genehmigt sich dazu eine Flasche Tsin-Tao-Bier (das Sie sich unbedingt *vorher* aus dem Kühlschrank genommen haben sollten, wenn Ihre Mundhöhle zu den Körperteilen gehört, auf die Sie ungern verzichten würden).

Eigentlich aber ist in Hamburg ja die Lage eines Restaurants viel wichtiger als die Qualität der Küche. Ein Blick über die Außenalster ist höchstens von einer guten Aussicht über den Hafen zu toppen, und entsprechend zahlt man dort auch nicht zwingend für die Virtuosität des Küchenchefs.

Natürlich wäre es eine Unterstellung, zu behaupten, dem Hamburger ginge es ausschließlich darum, *wo* er ißt. Es interessiert ihn auch durchaus, *was* er ißt. Zumindest am Rande. Solange der Ruf des Lokals stimmt. Solange einen der Wirt mit Küßchen begrüßt und die richtigen Leute beim Speisen beobachten: Mit enormer Kunstfertigkeit schält der Hanseat dann das Red-Snapper-Filet aus dem Bananenblatt, mit gespitzten Lippen kostet er den Wein, und mit vollendeter Geste drapiert er Bargeld unter die Rechnung. Noblesse oblige. Das gilt in Hamburg auch für Eilige: In jeder der zahlreichen überdachten Passagen der Hansestadt findet sich mindestens ein Edel-Stehimbiß. Hummer gehen dort in einer Zahl über den Tresen, daß man meinen könnte, es seien Matjesbrötchen, und das Publikum von Fisch-Gosch, einer »Filiale« der legendären nördlichsten Fischbude Deutschlands auf Sylt, in der Wandelhalle des Hauptbahnhofs wirkt auf die Bahnhofspenner mit Sicherheit abschreckender als jedes Polizeiaufgebot.

Wie in anderen Großstädten auch geht man in Hamburg relativ spät ins Restaurant, weshalb die Chance, einen Tisch um die Mittagszeit oder am frühen Abend zu ergattern, relativ groß ist. Im Sommer jedoch, wenn das Wetter mitspielt, ist es in den In-Lokalen an Elbe und Alster vor Einbruch der Dunkelheit nahezu unmöglich, einen Platz an der Sonne zu besetzen. Die Freilufttempel »Cliff«, »Bodos Bootssteg« oder »Bobby Reich« sind chronisch überfüllt, und auch am Elbufer ist »Land unter«. Besonders bei der »Strandperle«, Hamburgs Kulttreff, die so etwas wie den kleinsten gemeinsamen Nenner der Stadt darstellt: den Ort also, auf den sich alle einigen können, egal ob Broker oder Student, Punk oder Yuppie, Hund oder Kind. Dabei ist die Bretterbude am Oevelgönner Elbstrand im Grunde nichts weiter als ein schlichter Selbstbedienungs-Kiosk, der sich optisch kaum von einer herkömmlichen Trinkhalle unterscheidet. Nur, daß man dort eben die Wahl hat zwischen Sandstrand und Klappstuhl, daß man einen unverstellten Blick auf das Container-Terminal am anderen Elbufer genießt und im Rücken die gepflegte Beschaulichkeit Oevelgönner Vorgärten spürt – und daß man ständig Schifferaten spielen kann, natürlich.

Wenn sich die Ozeanriesen und Containerschiffe aus aller Welt wie knallbunte Farbwände vorbeischieben, dreihundert Meter lang, zwanzig Meter hoch, in Rot, Gelb, Blau und Grün, schwimmende, patchworkartige Plattenbauten, dann gehört das schon zu den eigentümlichsten Schauspielen der Stadt.

In den Sommermonaten lassen sich die Betreiber der »Strandperle« darüber hinaus einiges einfallen, um den Bierumsatz zu maximieren: Sie laden Duos mit Akkordeon und Gitarre ein, die die Bezeichnung »Hamburger Urgestein« nicht als Beleidigung empfinden; sie lassen junge Dichter und Denker unter dem Motto »Poets on the beach« Selbstgeschriebenes vorlesen, sie lassen Salzbrezelverkäufer mit Bauchläden herumgehen, damit man schnell wieder Durst kriegt, dazu geben Feuerschlucker und Akrobaten ihr Bestes, aber eigentlich ist das alles vollkommen unnötig, denn die »Strandperle« ist das berühmteste Café Hamburgs, der geläufigste Fixpunkt an der Elbe und damit Treffpunkt für fast alle Verabredungen.

Eine Essensverabredung der poetischen Art kann man übrigens seit Jahren in dem Gebäude eines großen Hamburger Verlagshauses beobachten: Unter der Kantine des Axel-Springer-Verlages gibt es ein Restaurant, in dem sich jeden Tag zwei Menschen treffen, die noch nie miteinander gesprochen haben. Sie kommen pünktlich um halb eins zum Mittagessen und setzen sich an die von ihnen reservierten Tische. Der Herr sieht aus wie ein Lord in einer alten englischen Serie, und die Dame sieht aus wie eine Lady in einer alten englischen Serie. Sie treffen jedesmal fast gleichzeitig ein, und sie sind ungefähr gleich alt. Beide haben weiße Haare, denen man ansieht, daß sie gut riechen. Sie setzen sich einander gegenüber, jeder an seinen Tisch, und rücken ihre Stühle zurecht. Dann nehmen sie die Speisekarten und überlegen, was sie essen wollen. In der Springer-Kantine fliegt das Leuchtband mit den neuesten dpa-Meldungen vorbei.

Das geht schon seit Jahren so. Sie grüßen sich nicht, und sie nicken sich auch nie zu. Sie sitzen sich einfach gegenüber, jeden Tag um halb eins, und essen ihre Vorspeise, während auf dem Springer-Ticker die Bürgerkriege vorbeiziehen, die Hungersnöte und Flugzeugabstürze; sie sehen sich nicht an und essen, essen und trinken, und ihre Hand streift vielleicht das Tischtuch, wenn er das Hauptgericht bekommt, Börsencrash in Tokio, und seine Hand nimmt vielleicht das Messer, das später ins Fleisch schneiden wird. Prominente haben sich vielleicht getrennt, und das Wetter bleibt schwül.

Dann kommt ihr Hauptgericht, und die Springer-Kantine wird geflutet von Journalisten, die aus den Türen der Redaktionsbüros strömen, den Schatzkammern des Wissens; sie essen Tofu-Bratlinge und Gemüse mit leichtverdaulichen Soßen, um ihre Mägen nicht zu belasten. Um nicht müde zu werden, die Welt zu informieren.

Volksaufstände werden zerschlagen, Aktien steigen. Die Freibadsaison wird eröffnet. Aktien fallen. Jetzt kommt der Nachtisch.

Die Springer-Leute rauchen und trinken Kaffee und haben vielleicht Angst, zu spät zu den Informationen zurückzukommen, weil Wissen Macht ist und Unwissen Ohnmacht; sie steht jetzt auf und nimmt ihren Mantel; er sieht ihr nicht nach und geht dann auch, und es kommt wieder Leben in die Bildschirme des Axel-Springer-Verlages, weil Informationen jetzt wieder verarbeitet werden, und vielleicht lächelt in diesem Moment der Kellner, weil er daran denkt, die Tische morgen ein Stück weiter zueinander zu schieben, und vielleicht lächelt er auch, weil er weiß, daß er das nicht tun wird. Daß sich das niemals ändern darf.

Vierte Station: Stadt, Land, Fluß

W enn du nach Hamburg gehst, stell dir vor, daß
dir die Gischt mit Sturmstärke zwölf entgegen-
peitscht«, hatte man mir gesagt. »Dann machst du genau das richtige Gesicht, um als einer von ihnen erkannt zu werden. Dann halten sie dich nicht für einen
Zugezogenen.«

Daß man mich selten für einen Zugezogenen hält,
liegt vielleicht daran, daß es mir nie schwerfiel, so ein
Gesicht zu machen. Ich komme aus Westfalen. Westfalen werden mit so einem Gesicht geboren. Vielleicht
liegt es auch daran, daß dieser Ratschlag, wie alle guten Ratschläge, etwas übertrieben ist. Hamburger sind
weder verstockt noch mürrisch. Gehen Sie mal nach
Ostberlin. Dann wissen Sie, was mürrisch ist. Hamburger sind edel und stolz. Ein bißchen wie englische
Dressurpferde. Sie sind nur ein wenig verschlossen,
ein wenig mißtrauisch. Sie achten darauf, wer da
durch ihr Revier geht. Und vor allem: wie dieser Jemand dabei aussieht. In kaum einer anderen Stadt
werden Sie so viele gut gekleidete Menschen sehen
wie in Hamburg. Dabei meint »gut gekleidet« nicht
unbedingt besonders teuer oder auffällig. Eine leicht

untertemperierte Eleganz kennzeichnet den Hamburger Kleidungsstil: unaufdringlich, von fast offensiver Schlichtheit, und gerade dadurch sehr präsent, sehr bewußt: »Was soll ich mir Federn ins Haar stecken, ich hab das nicht nötig. Federn sind albern. Ich bin Hamburger.«

Man kann böse sein und das arrogant finden. Man kann auch versuchen, nett zu sein und einen Satz darüber zu bilden, in dem das Wort *understatement* vorkommt. Das würde dem Hamburger gefallen. Dem Hamburger gefällt alles, das irgendwie britisch ist – also britisch aussieht, britisch klingt und so weiter.

Was es mit der speziellen Kleiderordnung auf sich hat, verstehen Sie am ehesten, wenn Sie mal in einer fernen Stadt, sagen wir Rom oder Athen, darauf achten, wie die Reisegruppen aussehen, die den Bussen entsteigen. Die Hamburger erkennen Sie sofort. Zum Beispiel daran, daß sie selbst bei fünfunddreißig Grad im Schatten niemals kurze Hosen tragen. Oder gar Sandalen. Nicht auszudenken, das. Überhaupt nicht *amused* sind sie, die *Britburger*, wenn kurzbehoste Sandalenträger ihr Gesichtsfeld kreuzen. Mit Grausen wenden sie sich dann ab und murmeln irgendwas von *non u*, was soviel bedeutet wie »gar nicht upperclass« und somit »nicht gesellschaftsfähig«.

Und wenn Sie an Flughäfen zufällig einmal die Durchsage »Passagiere gebucht auf Flug LH 239 nach Hamburg werden zum Ausgang B12 gebeten« hören, dann erlauben Sie sich doch bitte den Spaß, dorthin zu gehen. Jede Wette: Sie erleben auf den orangefarbenen Plastikschalen an Ausgang B12 die größte Ansammlung an nachtblauen Tweedblazern, an hochwertigen Strickpullis über weißen Stoffhosen, die Sie bisher gesehen haben.

»Man kann in Hamburg jede Anzugfarbe tragen, vorausgesetzt, sie ist blau«, hat ein bekannter Herrenschneider mal gesagt, und daraus läßt sich ein Selbstverständnis ableiten, das bis heute Gültigkeit hat. Das Selbstverständnis, als Privilegierter, sprich: als Hamburger geboren zu sein. Dabei gibt es eigentlich nichts, das ein weitverbreitetes Vorurteil über die Hansestadt stützt. Ein Vorurteil, das direkt hinter »spröde protestantische Pfeffersackstadt, in der es immer regnet« und »sozialdemokratische Republik, die der Bombenkrieg zerstörte« auf Platz drei liegt. Ein Vorurteil, das seit Generationen nachgebetet wird und wahrscheinlich vor hundert Jahren von einem liebestrunkenen bengalischen Schiffsjungen im Suff ausgerufen wurde: »Hamburg ist schön!«

Die zarte Nachfrage jedoch, *warum* Hamburg schön sei, bringt viele Freunde der Hansestadt in Verlegenheit. »Weil es so viel Wasser gibt«, lautet die oft verschämte Ausrede nach einer angemessenen Schweigeminute. »Weiß ich nicht«, sagen andere und schütteln dazu unwirsch den Kopf, als wollten sie ein »Liebe kann man eben nicht erklären« hinzufügen.

In der Tat ist es schwierig, das Faible für diese Stadt an etwas Konkretem festzumachen. Schließlich hat Hamburg nichts von dem vorzuweisen, mit dem sich vergleichbare Metropolen gern schmücken. Hamburg ist das Tor zum Norden. Und in den Norden will niemand. Hamburg hat, anders als München, kein Herrscherschloß voller Kostbarkeiten, hat keine Weinhügel wie Heidelberg, keine Altstadt wie Bamberg und keine Kathedrale wie Köln. Der Stadt fehlt der heruntergekommene Charme eines Nachkriegs-Reservates, wie es Berlin in glücklichen Tagen noch verkörperte. Die Hamburger Museen sind Mittelmaß, die Oper ein stilloser Fünfziger-Jahre-Kasten. Natürlich sind die Theater in Ordnung. Aber gemessen an der Qualität der Theater ist auch das Ruhrgebiet eine Weltmetropole. Dazu kommt: das Wetter. Natürlich. Das Wetter ist zum Gotterbarmen. Zugige Sommer und neun Monate Nieselwinter ohne eine einzige Chance auf Schnee. Doch dazu später mehr. Zunächst bleibt festzuhalten: Es gibt nichts wirklich Großartiges in der Hansestadt. Warum also ist Hamburg schön?

Um das zu beantworten, muß man vielleicht etwas zurückgehen. Denn die Entwicklung der Stadt hat maßgeblich mit ihrem heutigen Reiz zu tun.

Als vor mehr als tausend Jahren die Hammaburg buchstäblich in den Sumpf gerammt wurde, gab es nichts weiter als einen großen Bach, die Alster, die inmitten schlammigen Marschlandes in einen breiten Fluß, die Elbe, mündete – eine überaus undankbare geographische Ausgangssituation, um eine Stadt zu gründen. Daß Hamburg heute mit einer teilweise malerischen Villenlandschaft zu verzücken versteht, daß die Alster umsäumt ist von herrschaftlichen Kontorbauten, ist bürgerlichen Landschaftsarchitekten zu verdanken, die zweihundert Jahre nach Gründung der Hammaburg damit begannen, eine Gartenstadt anzulegen. Das fing mit dem Aufstauen der Alster hinter der Innenstadt an, eine Aktion übrigens, die gründlich fehlgeschlagen ist: Denn ursprünglich sollte der Fluß unter anderem zum Betreiben einer Mühle gestaut werden. Es entstand aber eine Überschwemmung, die man so nicht erwartet hatte und dann aus praktischen Erwägungen »See« nannte. Dieser »See«, dessen Ausmaße etwa der Fläche des Fürstentums Monaco entsprechen, war schlicht und ergreifend ein Versehen. Jeder Hafenkai wurde danach künstlich aufgeschüttet, die Elbe zur Stadt hin eingedeicht, die feuchten Wiesen als Bauland trockengelegt und Kanäle in die Wohngebiete gezogen. Entlang den so gebändigten Gewässern legten wohlhabende Händler ihre Lustgärten an, die sie vom Kontor aus bequem mit dem Boot erreichen konnten. Diese Sphäre von Ruderclub, Landpartie und Wintergarten haftet einem Großteil der Stadt bis heute an: Anstelle von Prunkbauten schufen sich die Hamburger Bürger Schaufronten für ein angenehmes Privatleben. Das ist auch der Grund, warum Hamburg eher von optischen Klischees lebt als von historischer Substanz. Die Stadt besteht aus sorgsam arrangierten Bildern, die den Bewohnern das jeweils gewünschte Programm vorspiegeln.

Fünfte Station: Die Bühnen der Hanseaten

Hamburg als Bühnenbild: Was damit gemeint ist, verstehen Sie vielleicht, wenn Sie mal mit dem Zug in die Hansestadt kommen und *nicht* am Hauptbahnhof aussteigen (neben der Elbtunnelsünde der zweite große Fehler, den Neuankömmlinge gern begehen), sondern eine Station weiterfahren, zum Bahnhof Dammtor.

Bis zum Hauptbahnhof sehen Sie nämlich nichts weiter als die übliche Industriebrache von Güterbahn, Siloturm und Hafenkai, alles leicht angeschmuddelt und ziemlich öde. Hamburg präsentiert sich bis dahin als kühle Handelsmetropole, als größter deutscher Industriehafen, als Warenlager, als Durchgangsstation. Und eigentlich möchte man nur eins: schnell wieder weg.

Setzt sich der Zug jedoch nochmals in Bewegung, rollt er über die Alster – und plötzlich weitet sich der Blick: Nach links eine edle Häuserzeile mit Büros, Hotels und hinten dem spitzen Rathausturm. Ausflugsdampfer legen ab, eine Fontäne sprüht wie ein Kurhausbrunnen im Regenbogen über die Dächer. Auf der rechten Seite dümpeln Dutzende Segelboote herum, überall Grün, überall Wasser. Wo man eine Zwecksiedlung der neudeutschen Dienstleistungsgesellschaft erwartet, findet sich eine verwöhnte Diva, die jede Geste, jeden Einblick genau berechnet hat und sich mit der Eleganz einer soignierten Dame präsentiert.

Die Schaufront auf der Alsterbrücke funktioniert zu jeder Tageszeit: An diesigen Morgen wirkt die Stadt geheimnisvoll umnebelt und fahl. Im Regen wie ein feuchter skandinavischer Wald mit einem See, auf dem stoische Ruderer ihr Programm durchziehen. Nachts blinken alle Lichter doppelt im Widerschein der weiten Wasserfläche.

Showplatz Hamburg: Bühne frei für den ersten Akt.

Die Alster: Ursprünglich als strategisches Staubekken angelegt, das Wasser abhalten und gleichzeitig als Sicherheitsgraben fungieren sollte, erlebt man die Außenalster heute als Mischung aus träger Nachmittagsbrise und Müßiggang inmitten einer geschäftigen City. Hier holt man sich wahlweise Komplimente, die sprichwörtliche leichte Segelbräune, einen Korb oder einfach ein Eis. Im Schatten der legendären Weltklassehotels »Vier Jahreszeiten« und »Kempinski Hotel Atlantic« – das 1909 eigens für Passagiere der Luxusliner errichtet wurde, die damals noch den Atlantik kreuzten (und in dem Dauergast Udo Lindenberg auch heute noch residiert) – läßt sich wundervoll flanieren, und mit etwas Glück überholen einen sogar Jon Bon Jovi oder Madonna beim Joggen. Die anderthalbstündige Alsterumrundung zu Fuß ist nicht nur gut für die Gesundheit, sondern auch fürs Selbstbewußtsein: Straßennamen wie Bellevue, Schwanenwik oder Schöne Aussicht lassen schon auf dem Stadtplan erahnen, daß rund um die Alster eine Menge Geld zu Hause ist. In den bevorzugten Wohngebieten der Stadt mit großbürgerlichen Privatvillen, Etagenhäusern aus der Gründerzeit und gut hundertfünfzig Konsulaten und konsularischen Vertretungen (mehr davon gibt es nur in New York) fühlt man sich gleich ein paar Gehaltsklassen besser – was einige dazu verleitet, den Stadtteil Pöseldorf, in dem beispielsweise auch Jil Sander wohnt, häßlich als »Schnöseldorf« zu verballhornen oder aus dem Journalisten-Stadtteil Eppendorf »Deppendorf« zu machen. Im Gegenzug wird das Arbeiterviertel Barmbek zu »Armbek«, aus Ottensen (damals Altonas arme Schwester) »Mottensen« oder »Mottenburg« und aus dem Bahnhofsviertel Hammerbrook »Jammerbrook« oder – noch schlimmer – »Hammerbronx«.

Die Schlacht Arm gegen Reich ist mittlerweile zu einer fast niedlichen Art des Volkssports in Hamburg geworden – und manifestiert sich unter anderem im Volksparkstadion oder am Millerntor. Nämlich immer dann, wenn der gutbürgerliche HSV gegen die Kiez-Kicker von St. Pauli antritt. Denn dann spielen nicht nur zwei Mannschaften gegeneinander, sondern das System, die Geldmaschine, der Goliath gegen den Underdog, den Mann von der Straße, der das Herz noch auf dem vermeintlich rechten Fleck trägt. Jungfernstieg gegen Hafenstraße, Jever gegen Astra, Shrimps gegen Schaschlik. Irgendwie ist es in Hamburg auch der Kampf Ost gegen West. Zumindest, was die Wohngegend angeht: Hamburger unterscheiden die Gebiete westlich der Alster nämlich deutlich von denen östlich der Alster. Denn hier spielt das »weiße« Hamburg gegen das »rote« Hamburg. Die Alster dazwischen fungiert als unüberwindbarer Graben zwischen den Fronten, der selbst mit zweieinhalb Metern noch zu tief ist. Westlich der Alster liegt das »weiße«, das schicke Hamburg. Die vornehme Dreizehn und die edle Zwanzig. Vor Einführung des neuen Postleitzahlensystems (dessen Etablierung die Bewohner der Stadtteile Rotherbaum, Harvestehude und Eppendorf noch immer verdammen) war allein der Absender »2000 Hamburg 13« oder »2000 Hamburg 20« so etwas wie ein Adelstitel: Eine zweistellige Zahl trennte die Spreu vom Weizen, prachtvolle Gründerzeitvillen und gediegene Straßenzüge von klotzigen Backsteinbauten und zweckmäßigen Arbeiterwohnquartieren.

Das rote Klinkergesicht des Hamburger Ostens geht auf die zwanziger Jahre des 20. Jahrhunderts zurück. Entlang den schiffbaren Kanälen, die von der Außenalster in die Stadtviertel Winterhude, Barmbek und Wandsbek führten, siedelten seit Ende des 19. Jahrhunderts neue Industriebetriebe, oft Zulieferer für die großen Werften im Hafen. Genossenschaften sorgten für den Bau von Arbeiterwohnquartieren, die, sofern sie im Zweiten Weltkrieg zerstört wurden, mit Klinker auch wieder aufgebaut wurden. Deshalb gilt auch heute noch: Im Westen ist's am besten. Zumindest, was die Wohnqualität angeht.

Das Spannungsfeld zwischen den Polen »arm« und »reich« macht die Stadt nicht nur reizvoll, es leistet auch einen wichtigen Beitrag zur sozialen Demokratisierung: Alle Versuche zum Beispiel, in Hamburg dauerhaft eine blasierte Schickeria nach Münchner Vorbild zu etablieren, sind in den vergangenen Jahren kläglich gescheitert. Zwar gibt es stetig wechselnde »In-Treffs« der Reichen, Schönen und Prominenten. Doch nach einer Weile fällt selbst dort das gemeine Volk aus Pinneberg, Quickborn, Eidelstedt oder Winsen an der Luhe ein. Zumindest für kurze Zeit. Dann kann der Publikumsverkehr nach alter hanseatischer Methode geregelt werden – nämlich diskret über den Preis. Oder durch eine hochgezogene Augenbraue. Etwa dann, wenn der Gast braune Schuhe zum blauen Anzug tragen sollte.

Aber zurück zum Schauplatz Alsterufer: Weiße Villen, die je nach Zeitenlauf Reederfamilien, eine Preußische Gesandtschaft, NS-Herren oder Konsuln befreundeter Nationen beherbergten, säumen das Wasser. Eines der auffälligsten Bauwerke dort ist das Generalkonsulat der USA, dessen Säulenhalle vor dem Haupteingang der des Weißen Hauses nachempfunden ist. 1882/83 von Martin Haller errichtet, gehörte das Haus Nr. 27 zunächst dem Kaufmann Wilhelm Riedemann, Gründer der ESSO-Petroleumgesellschaft. 1933 zog dann die Gauleitung der NSDAP dort ein und 1950 schließlich das US-amerikanische Konsulat. Vor dem Haus mit der bewegten Geschichte ziehen heute jedenfalls bedeutend schönere Frauen ihre Runden als Monica Lewinsky, und das ist in Hamburg alles, was zählt.

Ihre Runden ziehen dort auch die berühmten Alsterschwäne, genau 131 an der Zahl, die den ganzen Tag nichts anderes zu tun haben als repräsentativ herumzuschwimmen. Betreut wird das edle Federvieh von einem sogenannten »Schwanenvater«, der dafür zuständig ist, daß es den Schwänen an nichts fehlt. Im Spätherbst fängt er dann seine Schützlinge von der Alster und bringt sie ins Winterquartier im nahe gelegenen Eppendorfer Mühlenteich, wo sie es warm haben. Und weil die Hamburger gerührt sind von so viel Fürsorge, gibt es jedes Jahr ein neues Foto im »Hamburger Abendblatt«. Davon, wie Harald Nieß (so heißt der Schwanenvater) mit seinem Boot vor den Schwänen herfährt und damit die Vertreter einer alten hanseatischen Tradition übersiedelt. Diese Tradition heißt Freiheit, und wenn's um die geht, haben Hamburger sich schon immer mächtig ins Zeug gelegt. Vor ein paar Jahrhunderten, als das Halten von Schwänen ein nicht jedem zustehendes Privileg war, dienten sie den Hamburgern als Symbol ihrer staatlichen Unabhängigkeit gegenüber den vor den Stadtmauern herrschenden Dänen.

Überreste dieser Herrschaft finden wir noch an unserem nächsten Schauplatz: Blankenese. Ein Stadtteil, der, wie Altona, lange dänisch war und die Beschaulichkeit eines dänischen Landstädtchens souverän mit der Erhabenheit mediterranen Panoramas verbindet. So sieht der Süden im Norden aus: Stege und Terrassen, Treppen und Serpentinen schlängeln sich verspielt durch bunte Häuschen und sandige Hügel; kleine Kioske, Cafés und der Geruch von Sonnenöl wecken Urlaubsgefühle. Nur vierzehn Kilometer von Hamburgs Stadtmitte entfernt, ist die »Perle an der Unterelbe« heute bevorzugter Wohnort der Wohlhabenden, Künstler und Prominenten. Hier findet man keine Spritzen in Parks, höchstens Spuren von Kokain auf den Toiletten der Luxusrestaurants. Das ehemalige Fischerdorf, das im 19. Jahrhundert ausschließlich Wohnort für Hochseefischer, Kapitäne, Lotsen und Schiffbauer gewesen ist (was die zahlreichen reetgedeckten Häuschen am Hanggebiet erklärt), wurde schnell in die große Palette Hamburger Stimmungen integriert – als Künstlerdorf, musisches Refugium und Luxusidyll. Wer hier wohnt, hat es geschafft. Oder tut zumindest so. Was im Grunde dasselbe ist. Im »Café Lühmann« bestellt man sich zum Nachmittagstee englische *scones* mit *clotted cream*, und very British flaniert man danach durchs Dorf, das konsequent an jeder zweiten Ladenfront englische Beschriftungen aufweist.

Der feine Streifen historistischer Villen, der sich bis Blankenese zieht (und mit dem sich Rathausbaumeister Haller und seine Kollegen zwischen 1870 und 1914 gutes Brot verdienten), gehört immer noch zu den teuersten und erlesensten Wohnadressen Deutschlands. Allein entlang der Elbchaussee kann man eine halbe Stunde bei gutem Tempo die Villen am Autofenster vorbeiziehen sehen, von denen aus die Hamburger Reeder und Händler seit zweihundert Jahren den besten Blick auf die vollgeladenen Schiffe genießen, die ihnen neuen Profit in die Stadt bringen. Hier, und nicht in der Hafenstraße oder den Arbeitervierteln am Hafen, wohnt die Macht. Die hamburgische Erfindung einer durch und durch konservativen Sozialdemokratie – man denke an Helmut Schmidt, Max Brauer, Hans Apel, Henning Voscherau oder den stilsicher reingeschmeckten Klaus von Dohnanyi – sichert dem Ensemble seine Dauerhaftigkeit: Hunderttausende von proletarisch geprägten Familien stimmen für eine gemäßigte Technokraten-Elite, die nicht ohne Duldung der Pfeffersäcke existieren kann. Das ergibt einen Mix, der es nach dem Niedergang der Ruhrgebietsgenossen als einziges Milieu der Republik an Stabilität mit der genialen Machtbalance der CSU in Bayern aufnehmen kann, nur daß die Hamburger ihren genuinen Beitrag zum deutschen Föderalismus nicht so grobianisch an die große Glocke zu hängen pflegen.

In ihren wundervollen Gründerzeitvillen sind die ökonomischen, medialen und politischen Herren von Hamburg allzeit Dörfler geblieben. Nicht grundlos hält man sich bis heute fast ohne Ausrutscher an das Verbot, ein Haus höher zu bauen als den Rathausturm. Dadurch wurde Hamburg zur einzigen Metropole europäischen Rangs ohne Hochhäuser – auch dies verankert den maßvollen, bürgerlichen Charakter der Stadt im Seelenleben ihrer Bewohner gründlicher als alle Manifeste.

Wo in anderen Großstädten absolute Duodezfürsten willkürliche Sichtachsen und Schlösser wie Sperrgürtel in die Urbanistik zogen, setzte Hamburg einen geruhsamen Speckgürtel von gediegener Wohnbebauung an, der sich inzwischen knapp fünfzig Kilometer um die City spannt. Hier gibt es keine Adelspaläste und keine Jagdschlößchen, sondern hunderttausendfach den gebauten Traum des ehemals bäuerlichen Neusiedlers: ein Ziegelhaus im Grünen, gelinde zugewuchert und mit Autostellplatz. Wenn man morgens das Fenster öffnet, strömt die Salzluft herein, die der Strom ins Land trägt.

Trotz seiner dichten Bevölkerung durch knapp zwei Millionen Menschen ist Hamburg im Grunde immer luftig, grün und weiträumig geblieben. Zudem nutzt die Bourgeoisie das gewaltige Umland seit je als Freizeit- und Gemüsegarten. Im Sommer behandelt die – übrigens für eine Medienmetropole ausgesprochen erbärmliche – Hamburger Tagespresse Nachrichten aus Sylt im Lokalteil. Timmendorfs Strand ist in Händen der sonnenhungrigen Stadtjugend, und die Ferienhäuser an der holsteinischen Seenplatte, auf der windumtosten Halbinsel Eiderstedt und in der Nordheide gehören am Wochenende den Hamburgern. Der knorrige Altkanzler Schmidt, der unter der Woche ein Leben lang mit Vorliebe als Weltökonom und Staatsmann auftrat, verkörpert den typischen Homo hanseatensis: Zwischen den Terminen setzte er sich auf seine Jolle und segelte den abgelegenen Brahmsee rauf und runter. Man kann bis ins Wendland im verlassenen Elbbogen fahren – vor jedem zweiten der aufwendig restaurierten Rundlingshöfe wird man ein Auto mit Hamburger Kennzeichen finden. Hamburg, das Geheimnis verrät die Stadt nicht beim ersten Kennenlernen, findet auf dem Dorfe statt.

Der ganzen Welt haben die Bewohner ihr Gemeinwesen, das seit der deutschen Einheit und dem wiedergewonnenen Hinterland entlang der Elbe mehr prosperiert denn je, als scharf kalkulierende City verkauft, deren kulturelle und ökonomische Aktien gleich hinter London notiert werden. Hier, so scheint es, hört dieses föderalprovinzlerische Deutschland endlich einmal auf, Krähwinkel zu sein. Ein Hanseat von der Elbe hat sein Kapital in Fernost angelegt, schaut politisch – und bei der Wahl seiner Jacketts – über die Nordsee nach Britannien und hat die Verhältnisse in Skandinavien, mit dem ihn mehr verbindet als mit Bayern, fest im Blick. Aber wirklich daheim ist der Hamburger Kosmopolit im Grünen, das er mitten in seiner Stadt vorfindet – keine zehn Minuten vom Bürosessel und der Internetleitung entfernt. Hier beginnt das eigentliche Hamburg, das kombinierte Baden-Baden und Starnberg des Nordens, der Kurort der Tennis-, Hockey- und Ruderclubs, wo Anlegestege und Parkterrassen Freizeitgemütlichkeit der gehobenen Art offerieren.

Am besten läßt sich die angenehm bigotte Lebensweise dieser ländlichen Großstädter mit einem gemieteten Boot erkunden. An einem der windigen Sommertage, von denen es hier so viele gibt, tauche man die Ruder eines Kanus ins Alsterwasser und fahre ein in das Schattenreich der Kanäle von Winterhude oder Uhlenhorst. Es wird dann ganz still, nur hier und da kommt eine Ente angeschwommen, und von oben hört man Möwen kreischen. Gärten, halbe Parks ziehen sich am Ufer entlang. Spielgeräte, Baumhäuser für die Kinder sind verlassen; in einem Korbsessel sitzt hier und da ein matter Rentner, dem die Zeitung auf die Knie gesunken ist. Oder ein paar Omas haben sich zum Plausch auf einer Bank unter einer Esche versammelt.

Auf der asphaltierten Vorderseite dieses Idylls parken Zweit- oder Drittwagen, jederzeit bereit, ihre Besitzer ins Getümmel der City zu fahren. Doch nach hinten heraus herrscht die Stille der Marschlandschaft, die vom Gluckern des Wassers nur verstärkt wird. Hamburg als Stadt, so merkt man erst hier, gibt es eigentlich nicht. Denn wo wäre das Zentrum dieser Grünanlage auszumachen, wenn nicht hier?

Bewohner, die aus der zentralisierten Hektik von London, Rom, Paris nach Hamburg kommen, suchen vergeblich die Mitte. Wo sich daheim bei ihnen ein konzentrisches Chaos um den herrscherlichen Kern legt, geht es in Hamburg breit und gemütlich zu. Die Stadt geht auf in ihrer eigenen großräumigen Peripherie – und eignet sich gerade dadurch als Idealstadt westdeutscher Wohlhabenheit, als Villengroßstadt der gar nicht so mageren Schicht der Wohlstandsgewinnler. Da legt man auf den Schmuddel und die Unüberschaubarkeit anderer, nicht medialer Metropolen keinen Wert. Bis heute führt nicht einmal eine U-Bahn zum Flughafen, und auch einen Autobahnring hat es bis jetzt nicht gebraucht: Das Verkehrschaos in Köln oder Frankfurt ist um Dimensionen schlimmer.

Und doch spielt Hamburg als deutsche Metropole in der ersten Liga. Den Rang hat sich die Stadt verdient, sie nennt sich stolz eine Medienmetropole, aber in Wahrheit ist sie selbst ein Medium, das sich aus den verschiedenen Milieus konstituiert, die sich die Bürger im Lauf der Jahrhunderte kunstvoll aufgeschüttet haben: südliches Flair im Norden, Hochsee im Binnenland, Puff und Mafia im Freizeitpark, Stadtrepublik im Flächenstaat, Schweißgeruch in der reichsten europäischen Agglomeration. Hamburg – und dies verschafft der Stadt im Computerzeitalter der allgegenwärtigen Simulation eine gesicherte Zukunft und läßt die Bewohner mit milder Ironie auf das verbissen bedeutsame Berlin blicken – ist eine virtuelle und gerade darum eine wundervolle Metropole. Das echte Leben soll ruhig draußen stattfinden, die Hamburger bespielen ihre Bühnen. Eine der bekanntesten davon lernen wir an unserer nächsten Station kennen.

Sechste Station: St. Pauli bei Nacht

Selbst in dem angeblich verruchtesten Hamburger Stadtteil St. Pauli, dem prominentesten unserer Schauplätze, finden Sie heute mehr Schein als Sein: Rund um die Reeperbahn spielt die Stadt Soho, Pigalle, Amsterdam und L. A. im Kleinformat. Der deutsche Bedarf an Halbwelt läßt sich hier problemlos stillen; St. Pauli mimt routiniert die einträgliche Rolle der sündigen Meile. Hier hat der Straßenstrich, der in anderen Städten verschämt im Industrievorort abgehandelt wird, noch ein Gesicht: Blinkende Neonreklamen blenden sich ineinander und machen auf Las Vegas, ein paar Bars mit Bühnensex lassen sich das Bier fünfzehn Mark kosten, zahllose Spielhallen präsentieren den Flipper zu Filmen, die gerade erst ins Kino gekommen sind. Im »Lehmitz«, der letzten Punk-Bastion, in der immer noch alte »Straßenjungs«-Platten aufgelegt werden, prügeln sich Hunde- und Rattenbesitzer rund um die Uhr, und das Astra aus der Flasche gibt's an der langen Theke zum Spottpreis.

Sobald es dunkel wird an der Davidswache und Reisebusse aus der ganzen Republik ihre Ladung auf die Trottoirs am Kiez leeren, krallen Verkäuferinnen aus dem Ruhrpott ihre Handtasche an sich, und der Bauer aus Oberfranken bewahrt sein Geld lieber im Brustbeutel oder im Geheimfach des Reißverschluß-Gürtels auf. Gemeinsam sehen sie sich zunächst die Abendvorstellung von »Cats« an, dann geht man generationenspezifisch seines Wegs. Die einen besuchen das Varieté im »Schmidt's Tivoli«, die anderen lassen sich im legendären »Café Keese« am Tischtelefon zum Tänzchen bitten. Jugendliche bevölkern den »Mojo Club« oder den »Kaiserkeller« der »Großen Freiheit« – und Kegelclubs von überall her wollen es im Rudel mal so richtig krachen lassen. Das heißt: Sie kichern sich erst durch ein paar Sexshops, um ihre Hormone in Wallung zu bringen, lassen sich dann von dem schmierigsten »Reinschnacker« in die erbärmlichste »Table-Dance-Bar« schleusen und beenden den Abend im Pornokino noch lange nicht: Derart aufgeheizt geht es in die Herbertstraße, von der sie gehört haben, daß einem da die Nutten sofort in den Schritt fassen und einem Obszönitäten ins Ohr flüstern; nein, mitgehen mit so einer wollen sie ja gar nicht, nur ein bißchen gucken, was so am Markt ist; ein wenig grapschen, vielleicht, und vor den Kollegen den Hengst markieren. Mindestens einer geht dann meistens doch mit, und der ist dann für die nächsten zwei Jahre Bürogespräch.

Nach der durchzechten Nacht an der Reeperbahn, na klar, trifft man sich ab fünf Uhr in der Frühe auf dem Fischmarkt, wo Aale-Dieter und Bananen-Willi die Besucher wachschreien und ihnen halbvergammelte Essensreste an den Kopf werfen. Den Fisch muß man schon etwas gezielter suchen zwischen all den Blumenständen und Apfelsinenverkäufern, den Kleintierkäfigen und Gemüsehändlern. Doch ein paar unentwegte Fischer finden Sonntag für Sonntag den Weg an die Pontons, wo sie direkt von ihren Kuttern Heringe, Schollen und anderes Meeresgetier verkaufen.

Dort, an den Anlegestellen, erinnert die Atmosphäre noch am ehesten an die Zeit, als im 18. Jahrhundert ausschließlich Fischer ihre Ware anbieten durften. Erhalten blieb aus diesen Tagen nur die Altonaer Fischauktionshalle, die 1895 von Kaiser Wilhelm II. persönlich eingeweiht und vor rund zehn Jahren restauriert wurde. Heute finden in diesem sehenswerten Backsteinbau nur noch kulturelle und politische Veranstaltungen statt, und sonntags morgens trifft man sich zum Brunch.

Wer genug hat vom Gewusel und Gebrüll des Fischmarktes, ist vorbereitet auf den nächsten Hamburg-Höhepunkt: den Krieg der Barkassenkapitäne, die an den Landungsbrücken Spalier stehen und sich nur insofern von den Reeperbahn-Reinschnackern unterscheiden, als daß sie Hafenrundfahrten anbieten und keine Frauen. Jeder ist der Beste, der Billigste, der Schönste, der mit den tollsten Sprüchen, den besten Schiffen und den meisten Frauen an Bord. Und Barkassen sind sowieso viel näher dran als die blöden Ausflugsschiffe gegenüber. Da kriegt man ja gar nichts mit, so hinter Glas und mit Kaffee und Kuchen; auf der Barkasse erleben Sie Hamburg hautnah, können den Backstein der Speicherstadt *anfassen*, Kaffee, Tee, Gewürze *riechen*, und wenn dann zufällig mal die Bugwelle der besagten Ausflugsschiffe über die Reling der Barkasse schwappt und die Hafenrundfahrer von einer Sekunde auf die andere naß sind bis auf die Knochen, dann jovialen diese Seebären, die alle »Kapitän Prüsse« oder so ähnlich heißen und jetzt mal echt ein richtiges Hamburger Urgestein sind, einen herzlichen Glückwunsch in Richtung der Begossenen, man habe gerade die Hamburger Hafentaufe mit Bravour bestanden, und auch das – natürlich, meine Damen und Herren – erleben Sie nur bei uns, hier, auf der Barkasse, und dafür, na ja, müßten wir eigentlich einen Adventure-Zuschlag verlangen, aber wir sind ja keine Unmenschen.

Wer sich das Hamburg-Neuankömmlinge-Programm Fischmarkt-Hafenrundfahrt sparen will, kann nach der St.-Pauli-Nacht wahlweise auch zum Strandspaziergang aufbrechen. Oevelgönne, gleich hinter dem Elbdeich, bietet feinsten Sandstrand, das angenehme Rauschen der Gezeiten und eine Art Meerblick – wenn man sich das andere Ufer des weiten Flusses wegdenkt. Unter skandinavisch hellem Dämmerlicht werden die Menschen still und andächtig. Alle fühlen, daß genau hier, an dieser Strandsimulation, wo von unten die gewaltigen Lüftungsrohre des Elbtunnels Sauerstoff ansaugen, der endlose Norden beginnt. Deshalb reihen sich an die zugebauten Elbdünen Luxushotels, exklusive Kaffeehausterrassen unter Lindenbäumen und gläserne Schaufronten, die bis hinab zum Fluß reichen. Dort mit der goldenen Kreditkarte im Sakko zu speisen gehört zu den eigentümlichsten Theatervorstellungen dieser Stadt. Sicher, der Hafen gegenüber ist für seine Nutznießer alles andere als ein Freizeitpark. Am Hafen hängen immer noch weit über hunderttausend Arbeitsplätze; hier wird das Geld verdient. Doch die restliche Gesellschaft, der die Arbeit ausgeht oder die sich von Medien und virtuellen Geldern nährt, sehnt sich nach dem historischen Schweißgeruch körperlicher Arbeit, nach Auswandererbaracken, verrosteten Flaschenzügen und der Ruinenästhetik der Maschinenhallen, wie sie im Hafen herumstehen.

Während sich in der Abenddämmerung die Lichter der Speicherstadt abzuzeichnen beginnen und Hunderte von Kränen und Gabelstaplern mit emsigem Summen Konsumgüter für ganz Mitteleuropa an Land hieven, während unsichtbare Lageristen und Packer bis zum Morgengrauen ihre Arbeit tun, läßt sich der Anblick über den sicheren Wassergraben hinweg trefflich bei einem Loup de mer an Ingwercoulis genießen. So verwandelt Hamburg sogar den Anblick der arbeitenden Bevölkerung in eine Zuschauerattraktion.

Siebte Station: Hamburger Besetzungen

Bei dem ausgeprägten Hamburger Sinn für Bühnenwirkung ist es nicht weiter verwunderlich, daß bald nach der medienwirksamen Besetzung einiger Stadthäuser entlang der Hafenstraße die pittoresk zugerichteten Mietshäuser zum festen Bestandteil jeder Stadtrundfahrt wurden. Langsam rollen auch heute noch die Busse aus Niedersachsen und Hessen vor den antikapitalistischen Losungen an den Wänden her, amüsierte Touristen fotografieren die Punks, die hier auf Treppenstufen sitzen und – obwohl sie genau das Gegenteil beabsichtigten – unversehens in den Wertschöpfungsprozeß der hanseatischen Wirtschaft einbezogen werden.

Als Ende der achtziger Jahre die Häuser tatsächlich geräumt werden sollten und man den wahren symbolischen Wert dieser Exklave für den Reichtum der Stadt kurzzeitig falsch eingeschätzt hatte, entwickelte sich für ein, zwei Wochen eine Eskalation zwischen Polizei und Senat auf der einen, Hausbesetzern und Sympathisanten auf der anderen Seite. Hamburg erwies sich hier seinem Ruf als Medienmetropole ausnahmsweise einmal gewachsen. Nirgendwo sonst ließ sich das untergründige Einverständnis, die Zwillingshaftigkeit des bürgerlichen Grundrechts auf Eigentum und der Utopie des Gemeinwohls derart putzig studieren. Denn die Besetzer, die rebellierenden Bürgerkinder, glaubten, endlich die ultimative Provokation des verhaßten Systems gefunden zu haben, das sie sonst allzeit mit repressiver Toleranz einlullte. Und der Staat, die soignierten sozialdemokratischen Manager, schreckten vor dem Horrorbild zurück, plötzlich als Büttel einer Staatsgewalt durchgreifen zu müssen, gegen die sie selbst in ihrer Jugend sturmgelaufen waren. Je näher der Räumungstermin rückte, desto euphorischer wurde die Stimmung. Barrikaden aus Hausmüll wurden aufgeschüttet und vor allem nachts von Freiwilligen bewacht. Die Autonomen zogen eine Krankenstation hoch, bewaffneten ihre Anhänger mit allerlei Indianerzeugs wie Zwillen und Knüppeln und waren quasi aus dem Nichts heraus imstande, ein autonomes »Radio Hafenstraße« auf Sendung zu bringen. Die Fernsehteams nahmen Aufstellung und filmten heroische Vermittlungsversuche von Pastoren, Redakteuren und schließlich Hamburger Politikern, die sich mit Megaphon in Rufweite der martialischen Besetzer begaben.

Die Polizei selbst war während der dramatischen Tage kaum zu sehen, aber irgendwann kochte die Simulation von Konfrontation hoch. Gerüchte, daß bald Hundertschaften mit harscher Gewalt die Festung stürmen würden, machten die Runde, es sollte nun Schluß sein mit hanseatischer Liberalität und Langmut. Evangelische Gruppen machten sich bereit, als Friedensstifter zwischen die Fronten zu springen. Es wurde sogar gesungen. Man konnte nicht mehr an den Barrikaden entlanggehen, ohne um Solidaritäts- spenden und freiwilligen Arbeitseinsatz zugunsten der Besetzer angehauen zu werden, womit die Befreier der Hafenstraße schon im vorhinein klarmachten, daß auch ihr Gemeinwesen auf Steuern und Rekrutierung nicht verzichten werde. Die existentielle Stimmung um eine vollkommen unwichtige Angelegenheit uferte immer weiter aus. Nach der sogenannten »Kriegsnacht« waren die Kontrollposten plötzlich ver- schwunden, und man begann, das Gerümpel von der Straße zu räumen. In buchstäblich letzter Minute hatte man die hamburgischste aller Lösungen gefun- den: Der Milliardär Jan Philipp Reemtsma hatte die Häuser erworben, vielleicht unter der Hand ein paar Rechnungen bezahlt und damit den kleinen Bürger- krieg beigelegt.

Zwar tragen die Häuser an der Hafenstraße auch heute noch Kriegsbemalung, die Besetzer zahlen noch immer keinen Strom, der Konflikt ist somit nicht aus der Welt, aber er wird wohlwollend in eine Dauerdul- dung umgewandelt: Kluge Stadtväter finanzieren sol- che Imagearbeit für eine Metropole des Widerstands und der Toleranz aus der Portokasse des Fremdenver- kehrsamts.

Vom Image her nicht sehr weit von der Hafenstraße entfernt liegt das Schanzenviertel, das es an zweifelhaf- ter Popularität durchaus mit Berlin-Kreuzberg aufnehmen kann. Auch hier gibt es von Zeit zu Zeit noch brennende Barrikaden auf der Straße, auch hier werfen Vermummte noch Molotow-Cocktails auf Einsatzfahrzeuge der Polizei. Ein Ausländeranteil von gut dreißig Prozent und eigene Fixerlokale tun ihr übriges, um dem Schanzenviertel einen ganz besonderen Ruf zu verschaffen. Doch das ist nur die eine Seite eines Stadtteils, der das mit Abstand lebendigste Viertel Hamburgs darstellt und – wie der Berliner Stadtteil Kreuzberg – eher einem hermetischen Dorf innerhalb der Stadt gleicht. Nur gut eine halbe Stunde zu Fuß vom gutbürgerlichen Jungfernstieg entfernt, pulsiert hier im Nordosten von St. Pauli die Szene: Eine unvergleichliche Mischung aus Punks, Rentnern, Blumenfrauen und Künstlern bestimmt das schrille Straßenbild. Im Umkreis von zweihundert Schritten findet man hier alles, was man zum Leben braucht, im Umkreis von vierhundert Schritten alles andere – was sicher auch einer der Gründe dafür ist, daß die Bewohner ihr Viertel nur in Ausnahmefällen verlassen. Ein anderer, entscheidenderer Grund ist, daß alle Einwohner der »Schanze« Teil einer großen Familie sind: Wer hier wohnt, hat sich für einen Stadtteil entschieden, in dem einem die Toleranz an jeder Ecke entgegenschlägt – und der ausgerechnet nach einer längst geschliffenen Festung zur Abwehr von Fremden benannt wurde.

Entlang den Straßen und zahlreichen Gäßchen wechseln sich Tante-Emma-, Öko- und Gemüseläden mit Secondhand-Plattenläden und diversen Cafés (von

alternativ-körnig bis altmodisch-süß) ab, Tattoo- mit
Headshops und Edelrestaurants mit Stehimbissen aller
Nationalitäten. Hier und da tingeln und klingeln sogar
Eierwagen, Scherenschleifer und Eisverkäufer durch
das Viertel der unbegrenzten Möglichkeiten. Die
Leute, die den Stadtteil bevölkern, sehen im Prinzip
aus, wie man sich das Publikum einer Woodstock-
Neuauflage vorstellt, und auf den Multikulti-Spielplät-
zen passen Vollwert-Eltern mit Palästinenser-Schals
auf, wenn die vereinten Nationen schaukeln oder im
Sandkasten tagen. Reden sie über ihre Kinder, nennen
sie sie »Kids« oder »Zwerge«, obwohl sie eigentlich alle
Anna-Lena oder Hannah-Lea heißen.

Das Konfliktpotential des Schanzenviertels indes
tagt in der »Roten Flora«, die erst so benannt wurde,
nachdem man es geschafft hatte, das chronische An-
drew-Lloyd-Webber-Machwerk »Phantom der Oper«
in die Neue Flora ein paar Straßen weiter zu bauen
und aus der Schanze zu verbannen. Man munkelt, daß
von dem »eingetragenen Verein« in der »Roten Flora«,
der zwar brav Strom und Wasser zahlt, als illegaler Besetzer des Gebäudes aber offiziell nur vorläufig und
inoffiziell dauerhaft geduldet wird, Randale und
Bambule ausgehen, daß dort Aktionen gegen das stets
präsente Polizeiaufgebot geplant werden. Doch als
wichtiger Beitrag zur Dramaturgie der Gesamtkon-
zeption Hamburger Atmosphären behandelt man diesen »sozialen Brennpunkt« – genau wie die Hafenstraße – mit größtmöglicher Sensibilität.

Ein paar Schritte von der »Roten Flora« entfernt liegen so genannte »Künstlerkneipen« wie das »Café unter den Linden« oder der »Saal II«, den ich anläßlich eines Interview- und Fototermins zum ersten Mal besucht habe. Ich hatte damals noch nie davon gehört, aber unter dem gedruckten Foto von mir stand später: »Stefan Beuse ist Schriftsteller. Klar, daß er da den ganzen Tag in Kneipen wie dem Saal II rumhängt.«

Wie gesagt: Hamburg ist in erster Linie eine gigantische Filmkulisse und Schaubühne. Das zeigt sich nicht zuletzt an den zahlreichen Film- und Fernsehfilmen, die hier gedreht werden. Selbst Pierce Brosnan alias James Bond war hier schon zu Gast, als er 1997 für das 007-Spektakel »Der Morgen stirbt nie« zunächst unter den Augen der kühlen Karyatide (mit der berühmten beleuchteten Weltkugel auf ihrem Rücken) auf das Dach des Hotel Atlantic fuhr, um dann wenig später ein paar Stockwerke tiefer zu stürzen.

Die meisten Vorabendserien spielen in Hamburg. Tatort. Der Fahnder. St. Pauli Landungsbrücken. Die Liste ist lang. Kein Wunder: Verschiedenartigste Milieus ermöglichen weiträumige Schwenks – über Wasser, Grün, Industriebrache, Gründerzeit, Pferdekoppeln und Zuhältermilieu –, alles wie gewünscht. So zementiert sich die Stadtbühne auf Zelluloid ins Bewußtsein der anderen Deutschen, die nicht das Glück haben, hier zu verweilen.

Natürlich wäre es vermessen zu behaupten, das TV-Abziehbild habe nichts mit der Wirklichkeit gemein. In Hamburg ist, wie gesagt, nicht zwischen

Schauseite und Substanz zu trennen. Die Oberfläche ist die Botschaft, und das entspricht einer Kultur, die seit tausend Jahren vom Warenverkauf an Binnenländler lebt: Am Ende ist sie selbst zur polierten Ware geworden. Und das ist nicht das schlechteste Schicksal einer Metropole.

Erster Zwischenstopp: S1 Richtung Wedel

Wenn Sie mal ganz nah rangehen, an die Stadt, können Sie sehen, wie schon morgens um acht unzählige Hamburger in die großen Häuser der Banken und Versicherungen strömen. Sie sehen gut aus, sie tragen Anzüge und Krawatten und Einstecktücher und fahren nach oben in ihre Büros. Dort haben sie erst mal eine Konferenz, dann schalten sie ihre Rechner ein und vergleichen Zahlen. Mittlerweile ist es neun Uhr dreißig. Zeit zum Aufstehen für die Werber und Medienleute. Richtig frühstücken tun die nicht. Kaffee im Stehen vielleicht, und Zigarette, denn Werber und Medienleute haben einen Magen aus Stahl. Den brauchen sie, um die ganzen Cocktails zu verkraften, die sie abends trinken müssen, um sich zu feiern – und das natürlich, was sie tagsüber geleistet haben: eine sagenhafte Kampagne für Gebißreiniger entwickelt, zum Beispiel. Ein »I like Teppichboden«-Plakat layoutet. Oder einen exklusiven Enthüllungsbericht über den weiblichen Orgasmus geschrieben.

Die Werber und Medienleute tragen gern schwarze Sachen. Nicht nur, weil das Leben traurig ist, und auch nicht, weil Werber ausschließlich Sartre und Camus lesen. Die schwarzen Sachen tragen sie vor allem, um bei Präsentationen einen besseren Kontrast zu den bunten Pappen zu haben, die sie hochhalten, während sie über »Event-Marketing« und »Unique Sales Proposition« referieren. Sie denken, sie müssen sich als Schöpfer zurücknehmen gegenüber den total verrückten und vor Kreativität nur so überschäumenden Ideen, die sie in unzähligen Brainstormings gemeinsam erarbeitet haben. Außerdem macht das einen besseren Eindruck. Einen seriöseren Eindruck. Die schwarzen Sachen sagen: »Na ja, es sieht zwar einfach aus, aber gerade das ist ja die Kunst. Diese Leichtigkeit ist das Ergebnis harter Arbeit, und auch wenn Sie denken *Das hätte ich auch gekonnt* – seien Sie versichert: hätten Sie nicht.«

Und wenn dann am Ende dem Kunden eine Rechnung über eine, na ja, Summe präsentiert wird, für die man sich bequem eine Doppelhaushälfte kaufen kann, sagen wir: für einen Coca-Cola-Claim, der nur aus einem kurzen Wort besteht, nämlich »Trink« (und was, zum Teufel, soll man anderes damit machen?), dann zahlt das der Kunde lieber einem, der seriös aussieht, als einem, der aussieht wie ein Animateur auf Ibiza.

Die Werber und Medienleute wohnen übrigens alle in Eppendorf. Dort gibt es ein Restaurant, das »Brücke« heißt, und da sitzen sie den ganzen Tag und die ganze Nacht, wenn sie nicht gerade in einem Brainstorming oder Briefing sind, und schauen kreativ aus dem Fenster. Das ist gut so, denn das bedeutet, daß sie nicht frei auf der Straße rumlaufen und sich unbeaufsichtigt unters Volk mischen können. Wenn sie das täten, würden sie auch andere Werbung machen und über Dinge schreiben, die interessant sind.

Gerade sitzt einer von ihnen, ein Werber, in der S-Bahn. Es ist Sonntag, und er weiß nicht, was er machen soll, also fährt er ein bißchen S-Bahn. Das gefällt ihm, sich volksnah zu geben, das ist wie das Schnitzelessen in der »Brücke«, das in unregelmäßigen Abständen stattfindet. Für wenig Geld bekommt man dann ein Schnitzelgericht, und weil Schnitzel nach Arbeitern und armen Leuten klingt, ist die »Brücke« immer voll von Reichen und Prominenten, die einmal so tun wollen, als ob. Genau wie sich arme Leute manchmal Champagner bei Aldi kaufen oder diese aufwendig verpackten Monopralinen für drei Mark das Stück, um so zu tun, als ob. So sitzen die Werber dann mit Boris Becker und Marius Müller-Westernhagen in der »Brücke« beim Schnitzelessen, und was von den Betreibern sicher als amüsanter Kontrapunkt geplant war, wird so zu einer der dekadentesten Veranstaltungen, die man sich vorstellen kann.

Der Werber fährt also in der S-Bahn und überlegt gerade, was das Volk so umtreibt, als sich ihm gegenüber ein Mann hinsetzt, der in der rechten Hand eine Bierdose hält und in der linken Hand eine Geranie. Auf dem Sitz neben ihm steht »Widerstand braucht Phantasie«, und der Mann schaut den Werber grimmig an. Er trägt eine graue Jacke und hat sich seit mehreren Tagen nicht rasiert. Er nimmt einen Schluck aus der

Dose, aber es ist kein ganzer Schluck mehr darin, so daß er die Dose schnell wieder absetzt und schüttelt. Er schüttelt die Dose wie einen Zeugen, aus dem nichts mehr herauszubekommen ist; er schnauft und flucht und sieht noch wütender in die S-Bahn-Gesichter, die ihn mit einer Mischung aus Abscheu und Neugierde beobachten und sich immer dann abwenden, wenn er hochschaut; er setzt die Geranie neben sich auf die Bank und kramt mit der freien Hand in den Taschen seiner Jacke wie jemand, der plötzlich eine Idee hat. Dabei sollte doch der Werber die Idee haben. Hat er aber nicht. Noch nicht.

Schnitt.

Mal angenommen, Sie hätten eine Nacht im Hotel »Vier Jahreszeiten« verbracht. Sie haben es sich gutgehen lassen und haben in einem Bett gelegen, in dem, das wissen Sie, vor Ihnen schon Tina Turner lag. Sie haben sich in dem Spiegel betrachtet, vor dem auch Michael Jackson stand. Sie sind jetzt wieder zu Hause. Sie sind zwar nicht berühmt, aber das stört Sie nicht. Sie finden, es geht Ihnen ganz gut so.

Ein paar Tage nach Ihrer Nacht im Hotel kommt ein Päckchen zu Ihnen nach Hause. Als Absender steht dort »Hotel Vier Jahreszeiten«. Sie öffnen das Päckchen und finden als erstes einen Brief, dem zu entnehmen ist, daß Sie etwas in Ihrem Zimmer vergessen hätten. Sie können sich nicht daran erinnern, etwas in diesem Zimmer vergessen zu haben. Sie entfernen den Brief, um den Inhalt des Päckchens einzusehen.

Sie verstehen nicht? Warten Sie ab. Folgen Sie der

hanseatischen Kamera. Sie fliegt durch Häuserzeilen, an schmutzroten Klinkerkästen vorbei, folgt Kleinkindern auf Fahrrädern, biegt ab, jagt scheinbar wahllos durch die Straßenschluchten, läßt Hundebesitzer und Gärten und Autos links liegen, rechts die Alster, und: ja. Da ist sie wieder. Die Frau mit der Gitarre. Sie zieht sie in einem kleinen Karren hinter sich her, und manchmal bleibt sie stehen und singt Lieder in die Vorgärten von Eppendorf. Sie nimmt dann ihre Gitarre aus dem kleinen Wagen und fängt an zu spielen. Ihre einzigen Zuhörer sind Teiche und Tannen und das Gras, das in den Vorgärten wächst.

Gerade singt sie etwas davon, daß eine Tiefgarage in ihrem Herzen ist. Es ist ein sehr trauriges Lied.

Die Frau mit der Gitarre trägt einen grauen Skianzug mit roten Streifen, und sie ist ziemlich klein. Ihr Alter läßt sich nicht bestimmen. Vielleicht ist sie zwanzig, vielleicht auch schon vierzig. Sie hat die alterslose Art von Leuten, die immer da sind, die niemals kommen, niemals verschwinden, wie Ampeln oder das Wetter.

Die Frau mit der Gitarre hat eine Stimme, die klingt, wie sich Alkohol im Bauch anfühlt. Niemand weiß, woher sie kommt, und keiner hat je gesehen, daß sie mit wem gesprochen hätte, aber es traut sich auch niemand, mit ihr zu sprechen, weil es sein kann, daß sie verrückt ist oder daß man sie dann nie wieder los wird, daß man dann ständig eine Frau mit Skianzug und trauriger Stimme am Hals hat, die eine Gitarre hinter sich herzieht und deprimierende Lieder in leere Vorgärten singt, die von Tiefgaragen handeln, und das will niemand in Eppendorf. In Eppendorf will man, daß die Frau mit der Gitarre einen in Ruhe läßt mit ihren Liedern. Besonders am Sonntag.

Schnitt.

Im fünften Stock eines Hochhauses in Barmbek-Nord wohnt eine Frau, die sie mal in der S-Bahn gesehen hat, die Frau mit der Gitarre. Sie war ihr aufgefallen, weil sie ganz hinten im Abteil gesessen und nur für sich selbst gesungen hatte und hinterher kein Geld wollte. Die Leute mußten nicht in ihre Zeitungen gucken oder sich ansehen und die Augen verdrehen, wenn sie sang, sondern konnten einfach mit dem weitermachen, was sie gerade taten; reden, lesen, trinken, Musik hören, und die Frau mit der Gitarre hat niemanden gestört.

Sie steht jetzt da, mitten im Flur, im fünften Stock dieses Hochhauses in Barmbek-Nord, und schreit. Sie schreit alles mögliche. Sie schlägt gegen die Blechtüren der Zählerkästen, ganz verbogen sind die schon vom vielen Schlagen; sie schreit gegen die Schreie ihrer Nachbarin, die ihren Körper für Geld verleiht und Lustschreie schreit, damit die Männer schneller kommen; sie denkt kurz an die Frau mit der Gitarre, während sie weiterschreit und weiter schlägt.

Die Leute denken, sie ist verrückt, sie weiß das genau. Sie denken, jemand muß sie abholen. Zack. Blech. Bumm. Beton. Sie weiß nicht, was sie da brüllt. Sie brüllt einfach und brüllt immer weiter, weil es gut tut, den Hall ihrer Stimme im Flur zu hören, und es schlecht wäre, wenn der Hall irgendwann aufhören würde.

Schnitt.

Der Mann in der S-Bahn hat unterdessen gefunden, was er suchte. Er hält ein kleines Taschenmesser in der Hand und klappt die Klinge auf. Er stößt die Klinge in den Blechboden der Dose und beginnt, einen Kreis auszuschneiden.

In Klein-Flottbek setzt sich eine Frau neben ihn, die ein rotes Kostüm trägt und aussieht, als hätte sie gerade fünf Stunden beim Friseur verbracht. Sie riecht nach einer Mischung aus Haarspray und Make-up und Parfüm, und der Mann muß die Geranie von der Bank nehmen, damit die Frau sich setzen kann. In der S-Bahn ist jetzt kein Platz mehr frei, und der Mann stößt sein Messer wieder in den Boden der leeren Bierdose und schneidet am Rand entlang.

»Nächster Starter ist Holger Wulschner auf Capriol«, kommt aus dem Lautsprecher des Reit- und Springturniers in Klein-Flottbek, eines der jährlichen Top-Events, bei denen Hanseaten noch Hanseaten sein dürfen, bei denen eine bestimmte Einkommensschicht noch unter sich ist, unverdünnt vom gemeinen Pinneberger Volk oder Bewohnern von Stadtteilen, in denen die Millionärsdichte einen bestimmten kritischen Wert unterschreitet.

Die Kamera zeigt jetzt Klaas, der seinen Freund Christopher in einem nachtblauen Golf Cabrio mitgenommen hat. Die beiden stehen in Barbour-Jacken und mit Feldstechern bewaffnet am Scampistand, trinken Bellini und schauen desinteressiert in Richtung Parcours. Um sie herum stehen Leute, die aussehen, als seien sie mit Klaas und Christopher verwandt. Sie alle haben Gesichter, die man seit der Fernsehserie »Das Haus am Eaton Place« nicht mehr gesehen hat, und tragen Timberland-Regenschirme aus grünem Stoff und aufklappbare Stoffsitze, die man wie einen umgedrehten Regenschirm in den Boden stoßen kann. Sobald ein paar Tropfen vom Himmel fallen, verwandelt sich die gesamte Anlage mit Ausnahme der überdachten VIP-Tribüne in ein Meer aus grünen Regenschirmen. Die Frauen der Eaton-Place-Männer haben Picknickdecken und Kühltaschen dabei, aus denen sie auf Zuruf Parmaschinken und Thermoskannen und Schnaps hervorholen, und diejenigen mit Babys und Kleinkindern holen wohltemperierte Fläschchen und Gläschen und Tupperdosen mit Früchten und Körnern heraus, aus denen sie ihren Heranwachsenden etwas Nahrhaftes mischen können. Etienne heißen die, oder Anatol. »Anatol, du wirst doch jetzt nicht die Contenance verlieren«, näseln ihre Mütter zum Beispiel, wenn sich der Nachwuchs zu schreien erdreistet, »Etienne, du wirst doch das Halbgefrorene nicht verschmähen«, und der Mann in der S-Bahn hat es fast geschafft, den Boden seiner Bierdose wegzuschneiden.

Natürlich sehen die Naturkostläden hier nicht anders aus als anderswo. Natürlich heißen auch hier die Friseure »Haargenau« oder »Kaiserschnitt«, und auch

Orientshops gibt es, in denen Batikhemden und Wasserpfeifen verkauft werden; Karolinen- und Schanzenviertel scheinen sogar ausschließlich aus solchen Läden zu bestehen; aus Läden, die direkt von einem türkischen Basar importiert sein könnten, und mittendrin steht jetzt die Frau mit der Gitarre wie ein Mahnmal, das man zur falschen Zeit an einen falschen Ort gebaut hat, und singt ein Lied, das vielleicht von Liebe handelt.

Die Frau in dem Hochhaus am Stadtrand hat kurz aufgehört zu hämmern und zu schreien.

Der Mann in der S-Bahn drückt den Boden der Bierdose heraus.

Und im schwierigsten Springparcours der Welt reitet Holger Wulschner seinem Sieg entgegen.

Plötzlich geht eine Tür auf. Ein junger Mann tritt heraus und fragt die Frau, die seit einer halben Stunde gegen Blech und Beton hämmert, ob er von ihr etwas Milch borgen könne. Sie habe keine Milch, schreit die Frau. Der junge Mann entschuldigt sich und verschwindet wieder in seiner Wohnung. Zehn Minuten später stehen zwei Dosen Cola und eine Dose Zwiebelsuppe vor seiner Tür.

Der Werber beobachtet, wie der Mann ihm gegenüber die Geranie aus dem Plastiktopf zieht und wie dabei Erdklumpen auf das Kleid der Frau neben ihm fallen. Der Mann setzt den Erdballen auf den ausgefransten Rand der Blechdose und versucht, ihn reinzudrücken. Es ist offensichtlich, daß es nicht geht. Der Erdklumpen, aus dem die Geranie wächst, ist viel zu groß für die Dose, und das Wurzelgeflecht ist zu stark, um es auf diese Weise durchtrennen zu können.

Die Frau mit dem roten Kleid sieht den Mann empört an. Der Werber lächelt. Der Mann bekommt von all dem nichts mit und dreht und drückt die Geranie weiter in die Bierdose, wobei immer mehr Erdklumpen auf das Kleid der Frau fallen.

Vor den letzten Hindernissen ist es im Publikum totenstill geworden. Auch Klaas und Christopher spüren, daß es ernst wird. Bisher hat es noch keinen Null-Fehler-Ritt gegeben, und bei jeder Stange, die einer der Favoriten gerissen hat, ging ein entsetztes »Aaahhh« oder ein enttäuschtes »Ooooohh« durch die Menge. Holger Wulschner hat bis jetzt noch keinen Fehler gemacht. Mit ihm hatte niemand gerechnet. Und nun schickt er sich an, all seine prominenten Kollegen in die Schranken zu weisen.

Plötzlich wieder: Sie. Sie stehen jetzt vor einer Telefonzelle an der Alster, um im Hotel »Vier Jahreszeiten« anzurufen. In dem Päckchen, das man Ihnen geschickt hatte, lag ein Tagebuch, das nicht Ihnen gehört. Sie haben sich nicht getraut hineinzusehen, weil es ja ein Tagebuch ist, und haben beschlossen, ein wenig spazierenzugehen. Jetzt wollen Sie im Hotel anrufen und fragen, was Sie tun sollen, doch in der Telefonzelle ist jemand, der kurz vor Ihnen hineingegangen ist. Sie warten. Durch die Scheibe sehen Sie, wie die Tasten gedrückt werden. Eine Nummer wird gewählt. Es ist Ihre Nummer. Entgeistert sehen Sie den Mann in der Telefonzelle an, aber Sie kennen ihn nicht. Kein Zweifel: Dieser fremde Mann hat gerade Ihre Nummer gewählt, und jetzt wartet er darauf, daß jemand abnimmt. Sie wissen: Es ist niemand bei Ihnen zu Hause, und Sie haben auch keinen Anrufbeantworter.

Der fremde Mann wendet Ihnen jetzt sein Gesicht zu. Er lächelt Sie direkt an, und dann beginnt er zu sprechen. Er sieht an Ihnen vorbei, lächelt, spricht, macht eine Pause, wie jemand, der in einer Telefonzelle steht und mit jemandem am anderen Ende der Leitung telefoniert. Dieser Mann telefoniert mit jemandem, der nicht bei Ihnen zu Hause sein kann. Sie wenden sich ab und sehen die verwehte Gischt der Alsterfontäne; ein riesenhafter Strahl, zerfächert in Milliarden kleiner Wassertröpfchen, die in feuchten Böen ans Ufer getragen werden, wo sich der feine Sprühnebel, der vielleicht einen Regenbogen zeigt, über die Gesichter der Leute legt wie die Erinnerung an einen wundersamen Traum. Sie gehen nach Hause. Sie lesen das Tagebuch.

Und der Werber hat immer noch keine Idee.

Achte Station:
Auf der Reeperbahn nachts um halb eins

Wer etwas über Hamburg wissen will, darf sich natürlich nicht nur auf Filmbilder verlassen, sich nicht nur die Schaufronten ansehen, sondern muß auch dahinter schauen. Klar. Und dort finden sich, wie überall, menschliche Grundbedürfnisse. Auch das Bedürfnis nach Fortpflanzung. In echt. Und als Schaufront. Im »Sexy Heaven« an der Reeperbahn bekommt man sogar beides auf einmal. Kopulierende Paare auf und vor der Leinwand.

Schon am Eingang des Pornokinos mit Eventcharakter (was immer das sein soll) klebt das Plakat zu »Laß uns ficken, Baby, Teil IV«, und irgend etwas sagt mir, daß das durchaus programmatisch gemeint sein könnte.

Ein bißchen unsicher taste ich mich also die Stufen hoch – und bin plötzlich von völliger Finsternis umgeben. Allmählich gewöhnen sich die Augen an die Dunkelheit, dann schält sich die Kontur eines Getränkeautomaten aus dem Schwarz. Daneben Barhocker, ein paar davon besetzt. Langsam werden Gesichter deutlich, erleuchtet von kleinen Monitoren, auf denen Pornos gezeigt werden. Ich setze mich auf einen der

Hocker und beobachte eine zu stark geschminkte Blondine bei der Arbeit, also bei dem, wofür sie bezahlt wird. »Mmmmooooaaah, Baby, ist das gut«, sagt der gerade nicht sichtbare Teil eines Mannes. »You can't beat the feeling«, antwortet der Getränkeautomat daneben, und ich gehe weiter in einen Raum, der aussieht wie eine Gefängniszelle. In der Ecke, an Ketten, ein Fernseher. Es läuft der Zusammenschnitt des Spiels Bayern München gegen den HSV. Frank Pagelsdorf sagt, daß das Wichtigste ist, hinten keinen reinzukriegen, und die zwei jungen Männer vor dem Bildschirm sehen das im Moment sicher genauso.

Als ich mich weiter durch die Gänge taste, schleichen hier und da ein paar verhuschte Gestalten vorbei: betont gelangweilt; ein leichter Schweißfilm auf jeder Stirn. Wie Reptilien strecken sie ihre Hälse in die dunklen Kammern und Zimmer, die rechts und links am Gang liegen, aber meistens steht da nur ein verlassener Stuhl vor einem Großbild-Monitor.

Plötzlich kommt Bewegung in das Eventkino. Wie an einer unsichtbaren Schnur gezogen, orientiert sich alles Richtung Eingang, und als ich die Barhocker erreicht habe, sehe ich auch, warum: Vor den Stahlspinden am Treppenabsatz steht ein Pärchen und zieht sich aus. Ein kurzes Nicken zum Gruß; »Manfred«, sagt er, und: »Das ist Sigrid«. Beide verschließen ihre Kleider ordentlich im Schrank, dann trägt Manfred nur noch einen roten String-Tanga und Sigrid Strapse, Brille und Tattoos.

Zielsicher steuern sie die »Video-Wall« an, das Zentrum des Lustlabyrinths: Auf zwölf Großbildmonitoren laufen gleichzeitig verschiedene Pornofilme, doppelreihig, formatfüllend, davor stehen in Hufeisenform Barhocker entlang einer tresenähnlichen Leiste. Gerade starren ein Schwarzafrikaner, zwei Jungs um die Zwanzig und ein Mann, der entfernt an Friedrich Nowottny erinnert, auf die multiplen Simultanorgasmen; dazu läuft »Flugzeuge im Bauch« von Herbert Grönemeyer in der Rap-Version: *Gib mir mein Herz zurück*. Eine Nonne ist gerade mit Brustklemmen beschäftigt, Frauen nicken wie Tauben an Geschlechtsteilen runter, und oben rechts auf der Videowand kippt ein Mann einem anderen heißes Wachs über die Hoden.

Manfred und Sigrid sehen sich das eine Weile an, dann verschwinden sie hinter der nächsten Ecke. Alles folgt ihnen. In diskretem Abstand, natürlich, vorbei an einer Kabine mit transparenter Rückwand. »Doc, meine Muschi ist immer naß« fängt darin gerade an, der Zuschauer in der Kabine zappt weiter, mit dem Fuß, dreht sich lächelnd um, erfreut, daß er Zuschauer hat.

Zwei Zimmer weiter finden Manfred und Sigrid einen Raum, in dem nur eine Lederschaukel hängt. In der Plexiwand, vor der sich die Zuschauer formieren, ist an bezeichnender Stelle ein Loch ausgespart. Zum Mitmachen. Bei Bedarf.

Manfred klemmt seinen Kopf zwischen Sigrids Schenkel. Die Schaukel quietscht. Sigrid wirft den Kopf in den Nacken, und als Manfreds Tanga anfängt zu spannen, zieht er Sigrid plötzlich hoch, und gemeinsam stolpern sie Richtung Gefängnis.

Es läuft jetzt die Schlußphase des Fußballspiels. »Das zeichnet einen Torjäger aus«, ereifert sich Werner Hansch, »er versucht, in jeder Situation aufs Tor zu schießen«, und plötzlich tauchen in Manfreds Hand Fesseln auf; ein Halsband, eine Peitsche. Sigrid umfaßt die Stäbe, Manfred die Peitsche, das kollektive Gejohle aus dem Fußballstadion spendet dazu Beifall, aber jemand erbarmt sich und zappt weiter zu »Familie Immerscharf«.

So nimmt das Unglück seinen Lauf. Im Hintergrund, auf dem Monitor: die Simulation von Lust. Vor dem Monitor: Manfred und Sigrid, der Simulation von Lust zusehend. Vor Manfred, Sigrid und dem Monitor: Ein knappes Dutzend Männer vor einer transparenten Plexiglasscheibe – einer Inszenierung von Lust vor der Simulation von Lust zusehend. Und vor der doppelten Monitorscheibe, dem Film im Film, und hinter den Zuschauern des Film-Films, die damit ihrerseits zum Film werden, stehe ich und lasse dieses dreifach ineinander geschachtelte Bild auf mich wirken. Fünf Minuten, zehn Minuten lang. Bis ich etwas begriffen habe, über diese Stadt.

Ich setze mich noch eine halbe Stunde vor die Video-Wall und versuche, den Blick unscharf zu stellen, bis die zwölf Filme zu einer einzigen, bunt flackernden Fläche verschwimmen, auf der Reeperbahn, nachts um halb eins; dann gehe ich in einem Anflug von absurder Nostalgie zum Hans-Albers-Denkmal

am Hans-Albers-Platz und denke, daß es an der Zeit
ist, der »Großen Freiheit« dieser Stadt mal gehörig auf
den Zahn zu fühlen.

Neunte Station: Das Zentrum der Macht

Hoch am Hamburger Rathaus steht in goldenen Lettern folgender Satz: LIBERTATEM QUAM PEPERERE — MAIORES DIGNE STUDEAT — SERVARE POSTERITAS. Das ist lateinisch und bedeutet übersetzt etwa, daß die Nachkommen die Freiheit erhalten mögen, die ihre Väter erwarben.

Das neue Rathaus — der Satz an der Fassade deutet es an — ist in erster Linie kein Gebäude, sondern: ein Symbol. Das heißt: Wer das Rathaus genau studiert, hat das Wichtigste vom hanseatischen Geist begriffen.

Nach dem Großen Brand von 1842 zogen die Hamburger fast die gesamte Innenstadt in neuer Konzeption hoch — und sorgten sich dabei peinlich um historische Verortungen, die die kleine Hansesiedlung im Schatten Lübecks vorher gar nicht gekannt hatte. Auch ihre Machtzentrale, das neue Rathaus, haben sich die Hamburger als Kulisse auf die Bühne ihrer Stadt gesetzt — gelungene *invention of tradition*.

Nachdem der historistische Stilmix, eine der Höchstleistungen der Architekturgeschichte, von den brutalmodernen Verfechtern der Betonkisten lange als barbarisch verunglimpft wurde, haben inzwischen immerhin achtzigtausend jährliche Besucher begriffen, daß dieses Rathaus eines der bezeichnendsten Bauwerke deutscher Politarchitektur und vielleicht die größte Sehenswürdigkeit Hamburgs ist.

Das neue Rathaus, das auf etwa 4000 Rammpfählen errichtet wurde (weil der Alstermarschboden den 70 Meter breiten und 3 Meter langen Bau zunächst nicht tragen konnte), ist 1897 eingeweiht worden: Fast fünfzig Jahre und endlose Kommissionssitzungen lang hat man gebraucht, um zum historischen Kompromiß dieses emblematischen Gebäudes zu gelangen. Federführend war wieder der Architekt Martin Haller, Sprößling einer konvertierten jüdischen Familie und darum ganz besonders erpicht darauf, die Anciennität und republikanische Würde der Ratsherrschaft, die seine Sippe gerade erst zu bürgerlichen Rängen zugelassen hatten, in Stein zu meißeln. Mit dem Eifer des Aufsteigers stürzte sich Haller auf die sinnigen Details – allesamt abgestimmt mit kritischen, sich ihrer Macht bewußten Senatoren. So führt die Treppe zur Bürgerschaft in zwei Läufen in den ersten Stock – einen für die Regierung, einen für die Opposition. Rechts im Rathaus sitzt der Senat, links die Bürgerschaft. In der Mitte läßt sich bei Gelegenheit der Bürgermeister sehen. Man kann ihn aber auch zu Fuß auf dem Rathausmarkt antreffen, sofern dort etwas gefeiert wird (was im Sommer ungeachtet des Wetters eigentlich immer der Fall ist). Die Ratstreppe jedoch, an deren oberen Ende der Bürgermeister seine Staatsgäste empfängt, läuft in einem geeinten Gang nach oben. An der

Staatsspitze gibt es keine Zwietracht, soll das bedeuten.

Schon der Eingangsbereich imitiert mit einem gotischen Gewölbe und dicken Pfeilern die Archaik hanseatischer Lagergewölbe und eines Ratsweinkellers, der konsequenterweise als Luxusrestaurant in den Neubau einzog.

Der Ratssaal stellt mit gigantischen Dimensionen nahezu jedes Tanzpalais der deutschen Gaue in den Schatten: Wenn es drauf ankommt, können die Kaufleute ihre Sparsamkeit also auch mal vergessen. Der Sitzungssaal des Senats, das Allerheiligste der Macht, hat keine Fenster – die Herren sollen nicht abgelenkt werden. Das Licht kommt durch einen komplizierten Schacht von oben – wie die Inspiration beim Regieren. Zudem soll damit auf das uralte Recht der Halsgerichtsbarkeit, die oberste Justiz also, angespielt werden, das dem Hamburger Senat seit je zustand und nur unter freiem Himmel ausgeübt wurde. Solch bedeutsame Winzigkeiten muß man verstehen, damit Hamburg als Idealtyp einer Stadtrepublik erscheint. Denn so sieht sich die Stadt selbst: S.P.Q.R. prangt an den Intarsien – Senatus populusque hamburgiensis. Damit wird auf die einzige, die urtümliche Republik angespielt, die Hamburg noch als Vorbild gelten lassen kann: Rom.

Und tatsächlich ist Hamburg die einzige Metropole europäischen Rangs, die sich auf die Stadtfreiheit des Mittelalters berufen kann, die bis heute die Selbstverwaltung der Ratsverfassung aus dem dreizehnten Jahrhundert in die Zeit des demokratischen Flächenstaates übernommen hat. In ganz Resteuropa gilt das sonst nur noch für Bremen, einen Ort, den die Hamburger wegen seiner Dimension und seiner notorischen Pleite nicht als Konkurrenz anzuschauen geruhen. Von einer Statistik aus Brüssel wurde Hamburg sogar zur reichsten Region der Europäischen Union gekürt – weit vor London, Paris oder gar, lachhaft, dem proletarisch klammen Berlin. Aber von solchen Rangordnungen sprechen die Hamburger gar nicht erst. Man weiß es.

Im Rathaus wird diese wohlhabende Fassadenkultur nicht nur durch erlesene Materialien gespiegelt. Es verstand sich damals schon von selbst, daß der archaische Ratskellersaal mit Fernwärmeheizung, Klimaanlage und Hydraulikfahrstuhl nach neuester britischer Technik ausgestattet wurde. Historie und Bequemlichkeit müssen sich – da genügt ein Besuch in einer der Tausende Alster- und Elbvillen – nicht ausschließen. Sollen die alten Territorialfürstentümer ihre heute bedeutungslosen Schloßgemäuer pflegen, in Hamburg regiert die reale Macht in einem High-Tech-Schloß.

Hoch her geht es dort alljährlich am 24. Februar, wenn das »Matthiae-Mahl« zelebriert wird. Eine Veranstaltung, die seit 1356 stattfindet und bei der ausschließlich »Hamburg freundlich gesonnene« Gäste eingeladen werden – was der Hansestadt schon viel Nutzen eingebracht hat. Bei dieser Gelegenheit wird dann auch das Tafelsilber hervorgeholt.

Das innerste Kabuff der Macht hält dem Bürgermeister die Butzenscheiben alter Herrlichkeit vor: Gutshöfe im Alten Land, Schloß Ritzebüttel bei Cuxhaven an der Elbmündung, Schloß Bergedorf und den Leuchtturm von Neuwerk – einer ziemlich verlassenen Wattenmeerinsel, wo im Mittelalter den Koggen ein Licht die Route durch den Elbschlick wies. Solche grundherrlichen Dimensionen hat am Ende sogar einer respektiert, der sonst keinerlei Rücksicht auf Traditionen und Herrschaften nahm. Es war Hitlers Regime, dessen Ukas von 1936 Hamburg seinen heutigen Zuschnitt verdankt, mit dem es als Stadtstaat überhaupt lebensfähig ist.

Der größte Clou des erhabenen Rathauses, das die bürgerliche Autarkie des Gemeinwesens in einer ausgefeilten Symbolsprache feiert, liegt in dem Umstand, daß die Stadt in den langen Baujahren zwischen 1850 und 1897 dem Deutschen Reich beitrat und das gute Geschäft des Freihafens gegen das noch bessere des Seehafens eines aufsteigenden Reiches eintauschte. Die markigen Beschwörungen von Seerepublik und Bürgermeisterstaat sind also ebenso Kulisse wie der Rückbezug auf hansische Größe, die neben Köln, Lübeck, Braunschweig zu ihrer Blüte eher unauffällig wirkte. Auch hier also taten die reellen Hamburger (wieder aus Realitätssinn) das Richtige: Sie gaben ihre Freiheit preis, verbrämten diese Tatsache aber, noch klüger, mit symbolischer Größe. Daß die Stadt nach 1945 anders als Lübeck nicht in ein Bundesland eingemeindet wurde und selbständig blieb, verdankt sie den innovationsfreudigen Traditionalisten.

In guter Pfeffersacktradition hat Hamburg auch eine Universität erst spät bekommen. Kaufmannssöhne mußten sich in der Ferne die Hörner abstoßen, wenn sie überhaupt irgend etwas Überflüssiges außer Jura lernen wollten. In der Ferne sollten Rebellion und Weltverbesserung gedeihen, in der Ferne sollten die Töchter anderer Bürger geschwängert werden. Heute ist die traditionslose Hamburger Universität einzig durch die Universitätssatire »Der Campus« des Anglisten und Systemtheoretikers Dietrich Schwanitz zu einer ironischen, ziemlich traurigen, vor allem aber hochverdienten Berühmtheit gelangt. Die Kaufleute, deren Gemahlinnen hier auf der Universität das eine oder andere nutzlose Seminar belegen, dürfte das beruhigen: Intellektuell ist selbst in der Universität nichts los.

Immer was los dagegen ist, wenn Sie – wem gegenüber auch immer – eines der beliebtesten Hamburg-Themen anschneiden: das Wetter. Es sorgt für so viel Gesprächsstoff, daß wir uns ihm an unserer nächsten Station ausführlich widmen wollen.

Zehnte Station: Das Wetter

*W*enn es Ihnen heute schlechtgehen sollte, kann das viele Gründe haben. Aber es liegt ganz bestimmt nicht am Wetter«, stand gestern unter der Rubrik »Biowetter« in der Hamburger »Morgenpost« zu lesen. In der Tat war gestern ein Tag wie aus dem Bilderbuch: strahlender Sonnenschein, 28 Grad, dazu ein kühlender Wind. Dieser Tag stand in krassem Gegensatz zu dem, was sonst über das Hamburger »Schietwetter« kolportiert und immer wieder gern zitiert wird.

Die sprichwörtliche graue Suppe, der es angeblich zu verdanken ist, daß in Hamburg so viele Kneipen im Souterrain liegen (weil es egal ist, ob man den Himmel sehen kann oder nicht, man sieht ihn so oder so nicht), muß irgendwer ausgelöffelt haben, und auch, wenn die Vorurteile über das Hamburger Wetter nur zum Teil stimmen (Hamburg hat zum Beispiel nicht weniger Sonnentage als Stuttgart, und die Niederschlagsmenge ist durchaus mit der Münchens vergleichbar), spürte man so etwas wie eine gemäßigte Club-Med-Atmosphäre: Die Straßen waren gesäumt von entfesselt tanzenden Menschen, die sich zu lateinamerikanischer Musik bewegten (meist Studenten, die sich nach dem Besuch des Wim-Wenders-Films »Buena Vista Social Club« volksnah und ursprünglich in der Musik verhaftet wähnten), und auf dem Parkplatz des Alster-Szenetreffs »Cliff« fühlte man sich wie nach einem Konzert der Rolling Stones. (Im »Cliff« fühle ich mich immer wie in einem gut getarnten Bordell, aber das ist zu jeder Jahreszeit so und hat nichts mit dem Wetter zu tun. Höchstens mit den Piranhas, die wie eine unfreiwillig komische Metapher im Meerwasseraquarium vor dem Brunftverhalten paarungswilliger Großstädter herumschwimmen.)

Es bestätigte sich also ein Phänomen, das man alle Jahre wieder beobachten kann: Sobald die ersten Sonnenstrahlen den in der Regel dichtzementierten Himmel über Hamburg durchbrechen, verwandelt sich die Stadt in ein Tollhaus. Halbnackt stürzen Hanseaten jeglicher Couleur auf die Straße, breiten die Arme gegen den Himmel, als wollten sie irgendwen umarmen, tänzeln mit entrücktem Lächeln der nächstbesten Grünfläche entgegen und fangen an zu singen.

Jedes Café, jede Kneipe, jedes Restaurant wischt Plastiktische ab und stellt Stühle nach draußen. Ganz egal, wie kalt es noch ist. Dann wird der Viva-Brasil-Partymix '97 aus der Schublade geholt, und der Baßboxen-Contest der Cabriofahrer verwandelt die Straßen in ein wummerndes Meer mobiler Diskotheken: Ganz normale Männer mutieren wie angeknipst zu Sonnenbrillen-Proleten, die im Takt überdrehter Gute-Laune-Musik an jeder Ampel gegen ihre rotlackierten Spidertüren klopfen und beim Anblick eines beliebigen weiblichen Wesens an Filme über das Paarungsverhalten von Pavianen erinnern.

In den zahlreichen Parks in und um Hamburg sitzen hemdsärmelige Geschäftsführer und Freiberufler mit hochgekrempelten Hosenbeinen auf Holzbänken, tun zur Rechtfertigung so, als läsen sie die »Financial Times« und warten darauf, daß sich jemand neben sie setzt. Dann nämlich können sie unaufgefordert ihren Lieblingssatz anbringen: »Tja, ich hab mein Büro heute nach draußen verlegt«, zwinkern sie spitzbübisch ihren zufälligen Sitznachbarn entgegen und deuten dabei auf ihr eingeschaltetes Handy.

In den Szenelokalen an Alster und Elbe bestellt der Herr Milchkaffee und die Dame Kiba, und die überhitzten Sonnenbrillen schießen Blitze von Tisch zu Tisch, wo sich das reflektierte Licht bricht und kurz über das Gesicht von Clarissa huscht.

Clarissa sitzt inmitten anderer Junghanseatinnen am Biertisch. So ganz zwanglos. Volksnah fast, bloß Volk ist keines da. Das nämlich muß arbeiten. Clarissa hat dickes, sehr glänzendes Haar, ist dezent geschminkt und hat ein Gesicht, das man immer von irgendwoher zu kennen glaubt, auch wenn man es noch nie gesehen hat. Die Stimme ist klar und laut wie der Nordseewind. »Hi, Darling!« trompetet sie. Clarissa hat ein Jahr in London studiert, International Affairs und Kommunikationsdesign. Seitdem hält sie sich für eine Britin.

Sie duzt den Kellner, der wahrscheinlich Ben oder Patrick heißt, und bestellt heiße Schokolade »wie immer«. Ihr Mini-Cooper in Racinggreen steht draußen im Halteverbot.

Mit viel Noblesse arrangiert sie sich immer wieder neu auf der Holzbank, fingert eine Packung Lucky Strike aus dem Jil-Sander-Shopper, pustet elegant Rauch in die Luft, rückt den Siegelring zurecht und schiebt eine Strähne hinters Ohr. Letztere fällt ihr gleich wieder ins Gesicht. Aber das soll so sein: Scheinbar nachlässiger Schnitt, in Wahrheit aber sündhaft teuer. Nur Insider wissen, wie lange sie dafür stillgesessen hat.

Dann beginnt Clarissa, von Clarissa zu reden, was sie sehr gerne tut. Und es gibt ja auch viel zu erzählen: von der Perlenkette, die ihr die Großmama zum Geburtstag schenken wird, »aus dem Erbschmuck«. Vom letzten mißglückten Date: »In der Agentur bei den Meetings sah er immer wirklich toll aus. Aber dann haben wir uns zum Essen verabredet, und rate, was er anhatte: eine Edwin-Jeans! Ich bitte dich.« Und ihr Mund kräuselt sich, als sei ein Kakerlak in den Kakao gefallen. »Schade eigentlich, aber wenn der Background nicht stimmt ...«

Egal, was Clarissa tatsächlich trägt: Man sieht sie immer in einem Herrenhemd vor sich, bleu oder rosé, offen am Kragen, ein seidiges Hermès-Tuch mit Jagdszenen um den weißen Hals und kokett an einem Perlenohrläppchen zupfend. So ausgestattet paßt sie perfekt in ihr Lieblingslokal: ein kleines zugestelltes Caféhaus in Eppendorf, dem mildesten Reichenviertel voller großer Altbauwohnungen und distinguierter

Etagenbesitzer. Das Etablissement heißt mit typisch hamburgischer Niedlichkeit »Petit Café«, als läge es in Paris. Es verkauft italienischen Cappuccino und dänischen Blechkuchen, den ein arg getriezter Pakistani zubereiten muß, während ihn die spitznasigen Kundinnen mißtrauisch beäugen, wenn sie fürchten, vom Gebäcktransport bei ihrem Plausch gestört zu werden. Man kann viele Nachmittage in diesem arkadischen Milieu verdämmern und darüber nachdenken, wie man es anstellen könnte, sich wie alle anderen dort aus der Arbeitswelt zu verabschieden.

An Orten wie dem Petit Café versteht man, warum es in Hamburg, dieser feuchten, zugigen Stadt, in der es bei bestimmten Windwirbeln sogar von unten regnen kann, eine Lust ist zu leben: Hier hat die größtmögliche Anzahl ihr warmes Plätzchen am Kamin der bundesdeutschen Ökonomie gefunden.

An diesem Ort nun bin ich heute auch mit Doreen verabredet. Doreen ist Redakteurin und eigentlich ganz nett. Sie ist intelligent und schön anzusehen, und sie mag die richtigen Filme. Seit fünf Minuten sind wir verabredet. Ich warte an diesem Café, weil wir uns immer dort treffen. Ich warte jedesmal ein bißchen auf sie, aber das macht nichts, weil es sich lohnt, auf jemanden wie Doreen zu warten. Außerdem scheint die Sonne, und es gibt keinen Grund, nicht mit einem Lächeln vor dem Café zu stehen und die Dinge ein wenig zu verklären.

Doreen kommt, wie immer, mit dem Fahrrad. Ich sehe sie schon von weitem die Straße überqueren. Sie schließt das Fahrrad ab, zieht das lebensnotwendige Utensil des Hamburger Sommers, ihr Handy, aus der Jackentasche und schaltet es ab. Denke ich jedenfalls. Sie braucht ganz schön lange dafür, denke ich auch. Als sie vor mir steht, ist sie immer noch nicht fertig.

»Hi«, sagt sie und sieht mich kurz an und dann wieder auf das Display, »bin gleich soweit«.

Sie drückt noch ein bißchen auf den Tasten herum, die jedesmal so leicht metallen und high-tech-mäßig klackern, ganz flink huschen ihre Finger über die Tastatur. »So«, sagt sie schließlich, »abgeschickt. Tut mir leid.«

Ich zucke mit den Schultern und grinse sie an. Doreen hat mir beigebracht, was das ist, SMS. Ganz verstört war ich, als ich damals ein Briefsymbol auf dem Handydisplay hatte, begleitet von einem freundlichen Quittungsklingeln: »Bescherung!« frohlockte dieser Ton, »Post für Dich!«

In der Tat ist eine SMS irgendwas zwischen Papierpost und E-Mail, zwischen Anruf und Telegramm. Es hat die Aktualität einer Mail, gepaart mit dem Charme eines Briefes, der Spontaneität eines Anrufes und der dramatischen Kürze eines Telegramms. Eine SMS ist unmittelbar. Sie kann ein virtueller Kuß sein, eine Verabredung, ein Schulterklopfen oder ein Flirt. Sie platzt herein wie unerwarteter Besuch, ein netter Blumengruß, ein ungebetener Gast.

Wenn man in diesen Tagen an den Cafés vorbeigeht, sieht man Heerscharen von Handymailern über ihre Mobiltelefone gebeugt dasitzen und nicht miteinander reden. Das einzige, was man hört, sind die verschiedenen SMS-Empfangstöne, der Soundtrack zum Sommer in der Stadt.

Auch Doreen klingelt jetzt. Über ihr Gesicht fliegt ein Lächeln. »Sorry«, unterbricht sie mich, »das ist wichtig.«

Sie drückt die »Weiter«-Taste; die Nachricht zieht als Tickertext durchs Display, und ihre Augen leuchten wie an Weihnachten.

»Wußt' ich's doch«, sagt sie und wirkt sehr zufrieden. »Kleinen Moment. Das haben wir gleich.«

»Gute Nachrichten?« versuche ich höflich, aber Doreens Finger flattern schon wieder über die Tasten. Routiniert tippt sie ihren Text quer durch die Atmosphäre, ins All wahrscheinlich, wo er von irgendeinem Satelliten aufgefangen und punktgenau zurück auf den Globus geschossen wird; ein kurzes Klingeln, ein Briefsymbol, ein kleiner Adrenalinstoß: Post für Dich!

Jemand, der heutzutage nicht angesmst wird, steht allein da auf dem großen Schulhof der modernen Kommunikation, und Doreen scheint gerade zum beliebtesten Mädchen ihrer Klasse zu avancieren; jedenfalls ist sie umringt von Verehrern, und jetzt auch von Kaffee und Kuchen, das sogar ganz konkret.

Ich überlege kurz, ob ich ihr eine SMS schicken soll, so in Richtung »Dein Kaffee wird kalt«, aber da kommt schon ein aufgeregtes Piepsstakkato aus ihrem Handy. Ich kenne das Geräusch: Ihr Akku ist leer. Wir können uns also einen richtig schönen Nachmittag machen.

Ach ja: Wenn Sie sich, des Sommers ungeachtet, einen schönen Nachmittag in Hamburg machen wollen (denn strenggenommen bildet der Sommer ja nur ein Viertel aller verfügbaren Jahreszeiten), dann fahren Sie doch mal im Winter an die Alster. Wenn die zugefroren sein sollte (was selten der Fall ist), müssen Sie sich unbedingt aufs Eis begeben. Dort tummelt sich die halbe Stadt. Eine Gelegenheit, die Sie sonst nur bei Massenveranstaltungen wie dem Japanischen Kirschblütenfest oder dem Hafengeburtstag (beides im Mai), dem Alstervergnügen im September oder dreimal pro Jahr (Frühling, Sommer, Winter) beim jeweils vier Wochen lang dauernden »Dom«, dem Hamburger Äquivalent zu Jahrmarkt, Rummel, Kirmes, Send oder Oktoberfest, bekommen (wie immer das bei Ihnen heißt; in Hamburg heißt es jedenfalls »Dom«, weil der Begriff auf den früheren Weihnachtsmarkt am 1806 abgerissenen Mariendom zurückgeht). Der Vorteil hierbei liegt auf der Hand beziehungsweise auf dem Eis: Sie blicken in freundlich-rotwangige Gesichter, die eine niedlich dampfende Atemfahne vor sich her tragen, und müssen nicht damit rechnen, alle zwei Minuten Zuckerwatte, unappetitliche Teile einer Chinapfanne oder eine Currywurst wahlweise in Gesicht oder Haare geklebt zu bekommen. Außerdem zeigt sich die berühmte Kälte der Hansestadt dann von ihrer schönsten Seite.

Elfte Station: Blonder Hans und böser Klaus

Jedes Jahr im Spätsommer hängen drei unterschiedliche Plakate von Rüdiger Nehberg in der Stadt. Sie weisen alle auf dieselbe Veranstaltung hin: Am 17. September wird Rüdiger Nehberg in irgendeiner Stadtteilhalle wieder einen Diavortrag halten. Über seinen Aufenthalt bei den Yanomami-Indianern in Brasilien. Er hat fünfzehn Jahre immer wieder unter ihnen gelebt, und ich wette, sie haben sich gut verstanden. Ich weiß nichts über Yanomami-Indianer, aber ich vermute, sie verkörpern einen Lebensstil, der dem von Rüdiger Nehberg sehr nahe kommt. Ich vermute, sie essen Würmer, und wenn es in ihrem Verbreitungsgebiet Autos gäbe, würden sie sich nicht scheuen, plattgefahrene Igel von der Fahrbahn zu kratzen und zu rösten.

Das erste Plakat zeigt Rüdiger Nehberg neben einem besonders freundlichen Yanomami-Indianer. Man sieht nur ihre Köpfe, die sie aneinandergelehnt haben. Beide lachen. Rüdiger Nehbergs Kopf ist mit lilafarbenen und irgendwie jugendstilähnlichen Schnörkeln angemalt, und ich frage mich, ob die Muster irgendeine Bedeutung haben. Vielleicht steht auf

Rüdigers Kopf »Der von den Würmern lebt«, ohne daß er es weiß. Vielleicht ist das sogar der wahre Grund, warum der Indianer neben ihm lacht.

Auf dem zweiten Plakat sieht man, wie Rüdiger Nehberg gerade an einem Seil hängt. Das Foto wirkt ziemlich albern, weil es eine Studioaufnahme mit technisch eingezogenem Hintergrund ist, und zu allem Überfluß streckt uns Rüdiger seine rechte Faust mit nach oben abgespreiztem Daumen entgegen. Das Zeichen heißt, daß alles O.K. ist und Rüdiger weiß, daß er heil ankommen wird. Wo auch immer. Auf dem Plakat, jedenfalls, kann man nicht erkennen, wo er hin will. Wahrscheinlich auf einen verschneiten Berggipfel oder über einen reißenden Strom.

Das dritte Plakat schließlich ist das Schockierendste von allen, denn auf Rüdiger Nehbergs Kopf sitzt eine riesenhafte Vogelspinne. Zuerst denkt man, das sei nur wieder eine indianische Bemalung, aber wenn man näher herantritt, sieht man über dem ausgezehrten Gesicht der Survival-Ikone deutlich die Tarantel. Sie liegt mitten auf seiner Halbglatze und läßt es sich gutgehen. Die beiden verstehen sich. Auch, wenn Rüdiger diesmal etwas finster in die Kamera schaut und uns ein Auge zukneift. Als wolle er sagen: »He! Das macht mir mal nach!«

Natürlich will das keiner. Natürlich hat niemand in Hamburg Lust, sich eine Tarantel auf den Kopf legen zu lassen. Wozu auch.

Übrigens ist Rüdiger Nehberg eigentlich Sohn eines Hamburger Konditors. Er besitzt eine Marzi-

panbäckerei, und das macht es mir irgendwie leichter zu verstehen, warum er plötzlich keine Lust mehr auf den süßen Kram hatte und sich in die Wälder schlug. Das macht ihn mir sogar fast sympathisch. Denn eigentlich habe ich die ganze Geschichte mit dem Wurzelnessen und Madenrösten immer bewundert. Bis zu dem Tag eben, an dem diese Plakate in der Stadt hingen. *Rüdiger Nehberg – bekannt aus Presse, Funk und Fernsehen*, steht da im Störstreifen, und dann, aufgelistet wie in einer Bewerbung:
– mit dem Tretboot über den Atlantik
– 15 Jahre bei den Yanomami-Indianern
– 1000 Kilometer durch Deutschlands Wälder
und so weiter.

Neben Rüdiger Nehberg, der sich übrigens selbst »Sir Vival« nennt (das »V« in »Vival« durch das Victory-V von Rüdigers Zeige- und Mittelfinger ersetzt) und sogar einen eigenen Claim hat, nämlich: »Es gibt schlechtere«, hat der geistferne Geist von Hamburg auch andere Geisteswissenschaftler hervorgebracht. Schriftsteller, zum Beispiel. Peter Rühmkorf, auch wenn er das selbst schon vergessen haben mag, kommt trotz chronischer Alsterresidenz aus der alten Hansestadt Dortmund. Wolfgang Borchert wußte, wovon er schrieb, als er mit »Draußen vor der Tür« berühmt wurde, ohne das selbst noch richtig mitbekommen zu können. Ein junger Autor, der schnell stirbt und nur den Ruhm hinterläßt, das ist genau das Richtige für eine Stadt, die sich von einem privaten Mäzen ein wundervolles Literaturhaus stiften ließ, das jetzt aber von der Hautevolee für festliche Verlobungen und Geschäftsempfänge gemietet wird und dann für die schnöde literarische Öffentlichkeit nicht zur Verfügung steht.

Das andere, das kleinbürgerliche Hamburg, das im Feuersturm des Zweiten Weltkriegs fast völlig weggebombt wurde, saß Arno Schmidt in den Knochen, der mittendrin, in Hamburg-Hamm, geboren wurde. »Ich bin in einer Wohnküche aufgewachsen«, erklärte der Sohn eines chauvinistischen Polizisten einmal, »da lernt man sein Leben lang nicht, großzügig zu denken.« Und so wurde der Idealort des genialsten Hamburger Kopfes, der im Gedränge der Proletensiedlungen aufgewachsen war, eine Ödnis in der Lüneburger Heide. Arno Schmidt können wir uns mit aller Kraft nicht im Literaturhaus an der Alster, in einem Café in Eppendorf oder einem schicken Autorentreff in Blankenese vorstellen. Man braucht seiner in der Heimatstadt nicht zu vergessen, weil man dort erst gar nicht Notiz von ihm genommen hat.

Geliebt hat Hamburg seinen Hans Henny Jahnn, der gleichfalls aus dem Proletenmilieu kam und dessen Geburtshaus natürlich: gerade abgerissen wurde. Er, über dessen literarische Bedeutung sich mit Fug und Recht streiten läßt, schmiß sich mit dem expressionistischen Schwulst seiner originellen Prosa an die reiche Kaufmannsjugend heran und schaffte es sein Leben lang, ohne feste Tätigkeit in diesem Dunstkreis angenehm zu leben. Dem Ersten Weltkrieg wich er mit seinem Geliebten klug nach Norwegen aus, den

Zweiten überstand er auf seinem Bornholmer Bauernhof, ohne es sich explizit mit den Nazi-Besatzern zu verderben. Danach kam er als Gutmensch und Atomwaffenfeind der moralischen fünfziger Jahre zurück und bekam – durch welche Gönner auch immer – prompt Wohnrecht in allerbester Lage: im Hirschpark zu Blankenese. Dort starb er lebenssatt und nach allen Genüssen, er liegt zentnerschwer zubetoniert (er hatte furchtbare Angst vor einer Umbettung) mit Frau und Geliebten in einer schönen Menage à trois auf dem stimmungsvollsten Friedhof inmitten des Villengrüngürtels. Eine bronzene Porträtbüste erinnert im Hirschpark an ihn, wenn ihn schon kaum einer mehr liest. Jetzt ist hier, passend zum Hamburger Sinn für Kulissen, neben einer Ballettschule für Ausdruckstanz ein Café untergebracht. Den alten Damen, die dort zum Butterkuchen Tee schlürfen, sieht man an ihren evangelischen Rundfrisuren immer noch an, daß sie vor langer, langer Zeit, zu Lebzeiten von Hans Henny Jahnn, auch einmal wilde, lebensreformerische Bubiköpfe trugen. Also kann man es mit Hamburg drehen, wie man will: Selbst bei der Literatur kommt man am Ende im Caféhaus, im Freizeitpark mit Platanenrauschen und melancholischer Urstromlandschaft wieder an.

Nein, die gemütvollen Hamburger haben am liebsten ihren Komponisten: Johannes Brahms, nach dem sie aus untypischem Überschwang gleich zwei Lokalitäten – eine Allee und einen Platz – benannt haben. Sein nordisch-nebliges melancholisches Gemüt und seine umwölkten Orchesterfarben rühmten schon die Zeitgenossen. Er, der fidel im sonnigen und vor allem weinseligen Wien, in alpinen Kurorten und auf italienischen Reisen sein Leben zubrachte, konnte gut mit dem Dunst der norddeutschen Tiefebene leben – vielleicht der typischste Hamburger von allen, dieser Wiener Romantiker, dem seine Stadt als ferne Idee genügte.

Unvermeidliche »Hamburger Jungs« sind natürlich Altbundeskanzler und »Zeit«-Herausgeber Helmut Schmidt sowie Hans Albers und Freddy Quinn, die man beide sofort mit Hamburg, Hafen und Seefahrerromantik verbindet, obwohl der eine nicht mal in Hamburg geboren ist und der andere es nie geschafft hat, sich einen festen Wohnsitz in der Hansestadt einzurichten: Wenn den »blonden Hans« in seinem Häuschen am Starnberger See das Heimweh zu sehr packte, schaltete er einfach sein Tonband an und lauschte den eigens aufgenommenen Hafenklängen. Ein echter Seemann war der im Hamburger Stadtteil St. Georg 1891 als Sohn eines Fleischers geborene Albers jedoch nie, dafür stellte er ihn um so überzeugender in seinen Filmen dar. Songs wie »La Paloma« oder »Auf der Reeperbahn nachts um halb eins« trug er mit unverwechselbar zurückhaltend-schluchzendem Timbre vor – und weckte dadurch in uns allen die Sehnsucht nach der »Großen Freiheit«.

Freddy Quinn dagegen kann tatsächlich auf eine Seefahrer-Vergangenheit zurückblicken: Der in Wien geborene Leichtmatrose blieb 1951 in Hamburg hängen, wo er Karriere als Sänger und Schauspieler machte und 1970 als »Junge von St. Pauli« das Theater an der Reeperbahn wieder auf Erfolgskurs brachte.

Beide, Albers und Quinn, werden in Hamburg auf unterschiedliche Art geehrt: Freddy Quinn steht schon zu Lebzeiten als Wachsfigur im Panoptikum an der Reeperbahn, und nach Hans Albers benannte man 1964 immerhin einen Platz mitten auf dem Kiez. Dort errichtete ihm der Bildhauer Jörg Immendorf später auch ein Denkmal, das 1987 enthüllt wurde. Zehn Jahre blieb es stehen, bis Immendorf das auf 750 000 DM geschätzte Kunstwerk abtransportieren ließ, weil sich seiner Meinung nach der Platz in einem menschenunwürdigen Zustand befand. Neuer Standort seitdem ist der Düsseldorfer Hafen. Mittlerweile steht ein Zweitguß des Denkmals wieder an der alten und von Zeit zu Zeit aufgemöbelten Stelle – was eine Initiative mit dem durchaus RAF-tauglichen Titel »Bekennergruppe Hans Albers« nicht daran hinderte, die Grabplatte ihres Idols vom Ohlsdorfer Friedhof zu mopsen und auf dem Hans-Albers-Platz abzustellen, angeblich als Ausdruck der Verärgerung über den schändlichen Ort, an dem rund um die Uhr allerhand zwielichtiges Volk zu finden ist.

Durchaus zwielichtig war auch der berühmt-berüchtigte Seeräuber Klaus Störtebeker, der im Oktober 1401 auf dem Grasbrook in Hamburg enthauptet wurde. Den niederländischen Seefahrer Simon von Utrecht, unter dessen Führung das Geschwader Störtebekers geschlagen wurde, traf übrigens eine späte

Rache: Sein Denkmal an der Kersten-Miles-Brücke wurde am 5. Juni 1985 zu Fall gebracht und der Kapitän seiner Nase beraubt. Zur Untat bekannte sich das »Kommando Klaus Störtebeker«, das mit der »Bekennergruppe Hans Albers« aber nichts zu tun hat.

Auch singende Jungs, jedoch ungleich zeitgemäßer, sind die berühmten Vertreter der »Hamburger Schule«, einer Bewegung, die sich rund um das Independent-Label »L'age d'or« gruppierte. So wandeln die Mitglieder von Deutschrock-Bands wie »Tocotronic«, »Ostzonensuppenwürfelmachenkrebs« oder »Die Sterne« quietschfidel und quicklebendig durch das Karoviertel, um sich mit Slacker-Klamotten einzudecken, die sie dann nachts bei ihren Scene-Seen-Auftritten im »Golden Pudels Club« oder in den Hafenklang-Studios vorführen.

Wenn denen jemals ein Denkmal gesetzt wird, würde sich das wohl nicht nur optisch von dem einer anderen Berühmtheit unterscheiden, die eine ausgeprägte Haßliebe mit Hamburg verbindet und die über die Hansestadt gesagt hat, sie sei »ein verludertes Kaufmannsnest voller Huren, aber ohne Musen«: Heinrich Heine. Die Denkmäler des Dichters, der sein berühmtes »Deutschland. Ein Wintermärchen« an eine seiner Fahrten von Paris nach Hamburg knüpfte, haben eine recht bewegte Geschichte. Das erste noch zu seinen Lebzeiten errichtete »Denkmal« hatte Heine selbst ausgemacht, und es ist von den insgesamt vier steinernen Monumenten wohl das repräsentativste: »Wenn du von dem Börsenplatze dich links hältst, so siehst du

ein großes, schönes Haus, das dem Verleger meiner
›Reisebilder‹, Herrn Julius Campe, gehört. Das ist ein
prachtvolles Monument aus Stein – in dankbarer Erinnerung an die vielen und großen Auflagen meines
›Buches der Lieder‹.«

Das 1926 im Stadtpark aufgestellte erste »offizielle«
Heine-Denkmal von Hugo Lederer wurde von den
Nazis zerstört. 1982 fertigte Waldemar Otto ein neues,
das sich daran anlehnte und jetzt auf dem Rathausmarkt steht. Das dritte aber befindet sich im französi-
schen Toulon und hat die bewegteste Geschichte von
allen: Elisabeth (»Sissi«), Kaiserin von Österreich, ließ
eine Statue des Dichters anfertigen, die sie auf Korfu
aufstellte. Nach ihrer Ermordung zog Wilhelm II. auf
die Insel und verkaufte den ungeliebten Heine an
Julius Campe, der ihn der Stadt Hamburg schenken
wollte. Die aber lehnte ein gebrauchtes Denkmal ab.
Es wurde daraufhin auf privatem Grund abgestellt und
bald von Antisemiten geschändet. Julius Campes Er-
ben schließlich brachten die Statue nach Toulon, wo
sie als Ehrenmal des großen Dichters und »Freundes
Frankreichs« geachtet wird.

Andere Berühmtheiten wie der Tierhändler Carl
Hagenbeck oder der Bibliothekar, Schauspieler und
Theaterleiter Richard Ohnsorg prägen Hamburg als
institutionalisierte Tradition bis heute: Der eine durch
das unverwüstliche und längst zu besten Samstag-
abend-Fernsehprogramm-Ehren gekommene platt-
deutsche Theater (dessen Namen entgegen einer na-
heliegenden Vermutung allerdings nicht dem funken-

sprühenden Wortwitz zwischen Heidi Kabel und Willy Millowitsch entlehnt ist, nein: der Gründer der ersten niederdeutschen Bühne hieß *wirklich* so), der andere durch den gleichnamigen Tierpark. Welcher übrigens strenggenommen bereits 1848 gegründet wurde, als der Fischhändler Gottfried Clas Carl Hagenbeck in einem schlichten Waschbottich auf dem Spielbudenplatz an der Reeperbahn sechs Seehunde zur Schau stellte. Die Tiere waren Finkenwerder Ewerfischern als Beifang ins Netz gegangen und wurden schnell zu einer Hamburger Attraktion. Durch diesen Erfolg ermutigt, gründete Hagenbeck neben seinem Fischgeschäft eine Handelsmenagerie. Heimkehrenden Seeleuten kaufte er exotische Tiere ab; der »Star« war ein Grönland-Eisbär von einem Walfänger.

Auch die bis heute prominenteste Vertreterin der schillernden Hagenbeck-Fauna lebt, natürlich, im Wasser: Das Walroß »Antje« hat es immerhin bis zum Pausenbild und Wahrzeichen des NDR gebracht – und den Journalisten Roger Willemsen dazu animiert, eine Glosse über die Hamburger Medienlandschaft »Im Sendekreis des Walrosses« zu betiteln.

Auch an unserer nächsten Station verlassen wir den Dunstkreis des Walrosses nur wenige Meter. Wir widmen uns jedenfalls ganz der Hamburger Tierwelt …

Zwölfte Station: Warten auf die Löwen

Carl Hagenbeck, der älteste Sohn des Fischhändlers, bereiste Afrika und Amerika, kaufte ganze Menagerien auf und engagierte Tierfänger, die für ihn die fernsten Winkel der Erde durchstreiften. Sie brachten Tiere nach Hamburg, die bis dahin sogar der Wissenschaft noch unbekannt waren, darunter so absurde Vertreter wie das Urwildpferd, den Somali-Wildesel, den Maral (eine Unterart des Rothirschs, später Hagenbeck-Maral genannt), den Seeleoparden, den Mähnenwolf und verschiedene Affenarten.

Als es am Spielbudenplatz zu eng wurde, kaufte Hagenbeck ein 76000 Quadratfuß großes Gelände am Neuen Pferdemarkt, wo er 1874 »Carl Hagenbecks Thierpark« eröffnete.

Auf Veranlassung des Tiermalers Leutemann, eines Freundes von Carl Hagenbeck, kamen auch Lappländer mit ihren Rentieren nach Hamburg. Sie waren die Vorläufer der später so berühmt gewordenen »Völkerschauen«: In einer Zeit, in der es den sonntäglichen »Weltspiegel« im Fernsehen noch nicht gab, bot Hagenbeck Nubier, Grönland-Eskimos, Feuerländer, Patagonier, Ceylonesen, Schwarze und Indianer. Sie zogen unter Hagenbecks Namen durch ganz Europa und führten Sitten und Gebräuche ihrer Heimatländer vor. Ob dieser Teil der Menagerie auch als Streichelzoo funktionierte (und ob es Schilder mit »Füttern verboten« gab), ist unbekannt. Vermutlich aber zeigte der Zoo Menschen anderer Hautfarbe und Kulturen unter rein ethnologischen Gesichtspunkten.

Carl Hagenbeck, der sich auch mit der Dressur von Raubtieren befaßte, lehnte die damaligen Gewaltmethoden der Dompteure ab. Mit Güte und Verständnis brachte er die Tiere zu weit besseren Leistungen. Diese neuartigen Methoden wurden unter dem Namen »zahme Dressur« zu einer zirzensischen Sensation. Noch heute gilt sie als Grundlage der aktuellen Verhaltensforschung und Tierpsychologie. Mit ihr begeisterte »Carl Hagenbecks Internationaler Circus und Singhalesen-Karawane« (1887 eröffnet) das Publikum hier ebenso wie auf den Weltausstellungen in St. Louis und Chicago.

Sorgfältig studierte Hagenbeck auch die Sprungweiten und Sprunghöhen der Raubtiere. Sein Plan war ein Zukunftstierpark: Nur durch unsichtbare Gräben vom Publikum getrennt sollten die Tiere in einer ihrer Heimat ähnlichen Parklandschaft mit Seen und Bergen leben. Für diese Idee erteilte ihm das Kaiserliche Patentamt in Berlin 1896 die Patenturkunde Nr. 91 492.

Die geplante Parkanlage entstand nach jahrelanger Arbeit im damals preußischen Dorf Stellingen am Stadtrand von Hamburg. Am 7. Mai 1907 wurde der

27 Hektar große Tierpark eröffnet. Zum Symbol des berühmten Zoos ist das im Jugendstil erbaute Eingangstor mit Tierbronzen und den beiden Elefantenköpfen des Düsseldorfer Bildhauers Joseph Pallenberg geworden.

Die erste gitterlose Raubtierschlucht war nicht nur für Besucher, sondern auch für die Wissenschaft hochinteressant: Viele naturwissenschaftliche Gesellschaften ehrten Carl Hagenbeck, fast alle europäischen Regierungen zeichneten ihn mit Orden aus. Kaiser, Könige und Präsidenten kamen zu Besuch. Jean Gilbert komponierte das Lied »Geh'n wir mal zu Hagenbeck«, und auch die Hamburger schätzen ihren Zoo so sehr, daß sie sogar die Grammatik verbiegen, damit Hagenbeck den Rang eines Stadtteils einnimmt: Man geht nicht etwa *zu*, sondern *nach* Hagenbeck.

Heute, zwei Weltkriege später (der letzte zerstörte den Zoo fast vollständig, aber dank der tatkräftigen Mithilfe auch der Elefanten waren die Kriegsschäden bis zum Jubiläumsjahr 1948 größtenteils beseitigt) und ein paar Hagenbeck-Generationen weiter, präsentiert der Park seinen Besuchern »hautnah« mehr als 2500 Tiere und rund 360 Arten. Aus der Welt des Zoos, seiner Tiere und der sie pflegenden Menschen berichtete die ZDF-Fernsehserie »Unsere Hagenbecks«. Aus der Welt der Menschen berichten bei Hagenbeck vor allem die Tiere – und da besonders jene, die den Affenfelsen behausen. Jeder, der einmal in einer größeren Firma angestellt war, wird sich dort wiederfinden, sich und all die anderen: die Ärsche und die Angstbeißer, die Zuträger und die Eigenbrötler, die Bosse und die Randfiguren. Im Tierpark, das war schon immer so, kann man eben weitaus mehr über Menschen erfahren, als einem lieb ist.

Ein schlafender Löwe ruht heute vor dem Grab der Familie Hagenbeck auf dem Ohlsdorfer Friedhof, und um die lebendigen Löwen im Tierpark geht es in der folgenden Geschichte. Eine Begebenheit, die sich in meinem ersten Hamburg-Jahr, mitten im Hochsommer, ereignete und die dieser Station ihren Namen gegeben hat:

Warten auf die Löwen

Weil es nichts anderes zu tun gab, gingen wir also zu den Löwen. Wir kauften fünf, sechs Flaschen Bier am Kiosk und setzten uns vor das Freigehege. *Nächste Fütterung 16 : 00 Uhr* stand da, und es war weit und breit kein Löwe zu sehen.

»Wahrscheinlich sind sie drinnen«, sagte Marc und machte das erste Bier auf.

»Ja«, sagte ich. »Wahrscheinlich sind sie drinnen.«

Ich beobachtete, wie der Schaum langsam in den Flaschenhals kroch und kleine Bläschen dicht vor meiner Nase platzten.

»Afrikanischer Königslöwe«, las Marc das Schild an der Mauer. »Ernährt sich von Antilopen und Zebras. Bevorzugter Lebensraum: Steppe und Savanne.«

»Wahrscheinlich haben die Löwen gemerkt, daß es in ihrem Gehege keine Antilopen gibt«, sagte ich. »Vielleicht kommen sie deshalb nicht raus. Vielleicht haben sie einfach keine Lust, sich für dumm verkaufen zu lassen.«

»Schon möglich«, sagte Marc und nahm einen tiefen Schluck aus der Flasche. »Aber spätestens um vier werden sie kommen. Fressen müssen sie ja.«

»Genau«, sagte ich. »Um vier wird gefressen.«

»Antilopenkoteletts«, sagte Marc und gähnte in die Sonne.

»Wie wär's, wenn wir reingehen und nachsehen, was sie so treiben«, schlug ich vor. »Dann brauchen wir nicht bis vier zu warten.«

»Weiß nicht. Wahrscheinlich schlafen sie sowieso. Wenn sie klug sind, werden sie schlafen.«

Ich versuchte, mir die Löwen vorzustellen, wie sie in ihrem Käfig im Löwenhaus lagen und schliefen. Sie hatten sich auf der Holzpritsche aneinandergelegt und atmeten ruhig. Man sah das an ihren Bäuchen, die sich gegeneinander hoben und senkten wie ein seltsames Tandemakkordeon. Manchmal sah einer von ihnen mit seinen schweren Löwenaugen zu den Zoobesuchern, die vor dem Käfig standen und mit Fingern zeigten und ihre Kinder nach vorne schoben.

»Was glaubst du, wieviel Fleisch braucht so ein Löwe am Tag?« fragte ich Marc.

»Keine Ahnung. Was wiegt eine durchschnittliche Antilope?«

»Antilopen sind schnell. Ich glaube nicht, daß die Löwen hier noch eine Antilope erwischen würden.«

»Und was ist mit Zebras? Zebras sind langsamer.«

»Ja. Vielleicht Zebras.«

Ich dachte daran, daß die Löwen in diesem Zoo wahrscheinlich noch nie ein Zebra gesehen hatten. Und daß sie vermutlich auch nie auf die Idee kämen, ein Zebra zu essen, wenn sich zufällig eins in ihr Gehege verlaufen würde.

»Ist auch egal«, sagte Marc und nahm sich noch eine Flasche. »Was zerbrechen wir uns den Kopf über Zebras.«

Er schlug den Kronkorken an der Bank ab und ließ sich das Bier in den Hals laufen.

»Gottverdammte Scheißhitze«, sagte er nach einer Weile.

Es war inzwischen Viertel vor vier, und es war immer noch kein Löwe zu sehen. Die Luft flirrte über dem Freigehege wie in einem schlechten amerikanischen Western. Eine Fliege setzte sich auf meine Hand, aber ich war zu faul, sie abzuschütteln.

Hinter dem Betongraben lagen ein abgestorbener Baum und zwei Felsblöcke. Das war alles, was die Löwen hatten. Es war die Nachbildung ihres natürlichen Lebensraums. Nur ohne Zebras und ohne Antilopen.

»Nächste Fütterung 16 : 00 Uhr«, las Marc noch mal laut und wippte langsam vor und zurück.

Mittlerweile standen auch andere Zoobesucher vor dem Freigehege. Sie drängten sich nah an die Betonmauer, um besser sehen zu können.

»Gleich ist es soweit«, sagte Marc.

Direkt vor mir riß ein kleines Mädchen ihr Eis auf und warf das Papier neben die Tonne.

Die Pranke des Löwenmännchens lag jetzt vermutlich auf der Schulter des Löwenweibchens, und vielleicht zuckte sie etwas im Schlaf. Vielleicht schliefen die Löwen auch gar nicht, sondern taten nur so, weil sie keine Lust hatten, ihre Zoolöwennummer zu geben und den ganzen Tag an Stäben lang zu laufen wie in dem Gedicht von Rilke.

Vor der Mauer des Freigeheges wurden die Leute allmählich unruhig. Sie wollten endlich die Löwen sehen und ihnen dabei zuschauen, wie sie Antilopen aßen, die nicht mehr weglaufen konnten.

Um Viertel nach vier waren die Löwen immer noch nicht da. Sie kamen einfach nicht aus ihrem Löwenhaus, und die Pfleger kamen auch nicht.

Da unser Bier langsam zu Ende ging, stand ich auf und holte neues. Ich kam dabei am Zebragehege vorbei und imitierte einen hungrigen Löwen, aber die Zebras standen bloß weiter rum und kauten was. Sie hatten keine Angst vor Löwen.

Als ich zurückkam, hatte sich die Menge aufgelöst. Marc lehnte vor dem Betongraben und starrte auf den abgestorbenen Baum.

»Waren die Löwen schon da?« fragte ich.

»Nein«, sagte er, ohne aufzusehen.

»Wollen wir dann gehen?«

»Keine Ahnung.«

Wir starrten noch eine Weile ins Gehege und auf die Tür, durch die die Löwen kommen sollten, dann setzten wir uns wieder auf die Bank. Die Biere klimperten in der Plastiktüte wie ein trauriges Glockenspiel, und als wir die nächste Flasche am Eisengestell der Bank aufschlugen, hörten wir plötzlich den Schrei eines Vogels. Er kam von sehr weit her.

Zweiter Zwischenstopp:
Hamburger Geschichten

Über Hamburg gibt es zahlreiche Geschichten zu erzählen. Viele Anekdoten, Legenden. Von Hamburgern über Hamburger. Es gibt Geschichten, die sich in Hamburg ereignet haben, und es gibt solche, die sich zwar unter Hamburgern, nicht aber in Hamburg abgespielt haben. Zwei Hamburger Geschichten möchte ich hier erzählen. Es sind Geschichten, die für mich untrennbar mit der Hansestadt verbunden sind und sicher ihren Beitrag dazu leisten, dem Ziel unserer Reise näher zu kommen. Vielleicht sogar näher, als es bloße Fakten könnten. Denn die Endhaltestelle steht immer noch als Fahrtziel an allen Waggons und gut sichtbar vorne an der Lok: das Herz des Hanseaten. Vielleicht ist dieses Kapitel deswegen gar kein Zwischenstopp. Sondern ein Zwischenspurt.

Erste Geschichte: Könige

*I*ch bin mit vierzehn Brötchen aus dem Haus gegangen, um zu sehen, was passiert, sagt sie, die jetzt auf dem Ast neben mir liegt wie Schnee, unter uns die Elbe, zwischen uns ein Abstand von knapp einer Schrittlänge. Bei vier Grad zieht es sich zurück, sagt sie und meint das Wasser, tief unter Grund, in die Unebenheiten des Bodens; immer schwerer wird es und dichter: Das ist Physik, sagt sie, von links ächzen die Kräne, und ihre Zähne schimmern in der Nacht wie Panther.

Das Paradies ist die Hölle, entgegne ich halbherzig. Es ist das letzte Mal, daß wir uns treffen. Das letzte Mal auf diesem Baum, der sich über die Elbe beugt wie ein Verdurstender.

Ich will mich verlaufen, sagt sie, und: Ich bin eine Wunde, aber das liegt am Wein, denke ich, während der Baum den Fluß leer säuft. Steine werden sichtbar, große Blöcke, und ich frage mich, was wild ist. Wir haben Pizza aus Pappschachteln gegessen. Wir sind barfuß am Strand entlanggegangen. Einmal haben sich unsere Schultern berührt.

Wild ist alles, was sich schneller als zehn Kilometer

in der Stunde bewegt, sagt sie, und ich sehe, wie der Mond hinter Wolken verschwindet, was überhaupt nichts beweist.

Sie sagt, daß sie sich vorkommt wie im Auge des Sturms. Sie sagt, daß all unsere Treffen ihr vorkommen wie ein einziges Treffen. Als sei alles um uns herum in Bewegung, nur wir nicht.

Ich streiche mit den Fußsohlen an der Rinde entlang, um den Sand zwischen meinen Zehen wegzubekommen, aber es nützt nichts.

Seitdem wir uns treffen, gehen wir immer zu denselben Orten. Wir verabreden uns an derselben Straßenecke, fahren zu derselben Pizzeria, bestellen die immergleichen Pizzen, lassen den Wein öffnen und gehen barfuß zu unserem Baum. Es ist wie der Versuch, etwas Unfaßbarem einen Rahmen zu geben, etwas Unerklärliches zu erden, wie Schachspielen: Krieg auf berechneten Feldern. Die Ausgangsstellung ähnelt dem Paradies. Alle Figuren stehen an dem ihnen zugedachten Platz. Nichts kann ihnen passieren. Das Problem fängt an, sobald das Spiel eröffnet wird, denn das Spiel beginnt mit Bewegung und bedeutet, eine Figur nach der anderen zu verlieren, mit unausweichlicher Konsequenz seinem Ende entgegenzustürzen. Aber statt lächelnd voreinander zu sitzen und die Hände zu falten, setzen wir Bauer d2-d4, zitternd vor Lust am eigenen Untergang, und hoffen, daß alles gutgeht.

Auf unserem Schachbrett gibt es jetzt nur noch zwei Könige, die sich weder bedrohen noch umbringen können. Niemand erwartet irgend etwas. Nur, daß sich die Spieler erheben und Platz machen für die nächste Paarung. Aber wir sind erst gekommen, als das Spiel längst zu Ende war, und jetzt liegen wir auf unseren Ästen und starren uns an, als hätten wir nicht begriffen.

Mein Bein kratzt über die Rinde. Ich setze die Flasche an den Mund; der Wein schlägt gegen das Glas und macht ein seltsam metallenes Geräusch.

In Venedig bin ich einmal die ganze Nacht mit einem Unbekannten durch die Stadt gegangen, sagt sie. Wir sind über die Kanäle gelaufen und haben geredet, und das einzige, was ich von ihm wußte, war, daß er Knochenkrebs hatte. Ich kannte nicht mal seinen Namen.

Ich lege meinen Kopf auf die Brötchentüte hinter uns. Ich sehe sie an und denke an nichts. Es ist schön, so zu liegen und die Nacht zu spüren. Tagsüber ist es unerträglich. Überall sind Tauben. Mittags ist es am schlimmsten. Dann sitzen sie da, im Dreck, mitten auf dem Weg, und picken zu Dutzenden in den gefiederten Resten eines Kadavers, sie scharren und gurren und flattern im Aas; die Sonne heizt die Steinplatten auf und läßt Staub und Dunst hochsteigen; eine Dunstglocke der Verwesung liegt über allem, ich halte dann jedesmal die Luft an, so lange, bis mir die Lunge brennt und meine Schläfen anfangen zu pochen; in Zeitlupe wirbeln sie Federn auf, die hoch in die Mittagshitze steigen und wieder zu Boden sinken, gebremst von einem Polster aus Luft. Jeden Tag picken sie in einem neuen Kadaver, und immer ist es eine von ihnen. Es muß jemanden in unserer Gegend geben, der Tauben tötet, und es muß jemand sein, der es jeden Tag macht, wie Zähneputzen.

Nachts ist das Wasser voll mit Fischen, die in der Dunkelheit leuchten, sage ich. Ein Armschlag unter Grund, und ein phosphoreszierender Schweif glitzernder Sterne zieht sich durch die Finsternis; sie sagt *Plankton* und: *Physik*; dazu lächelt sie wie ein Mörder.

Morgen wirst du ein Holzmuster im Rücken haben, sage ich, aber meine Stimme mischt sich seltsam in das Geräusch, das die Kräne machen und mich irgendwie an die Klagelaute von Buckelwalen erinnert. Ich glaube nicht, daß sie mich gehört hat.

Die ganze Stadt riecht nach Untergang, sagt sie; ich mag das, und meint wieder Venedig. Über ihren Augäpfeln spannt sich die Haut wie ein zu enges T-Shirt. Sie hat dieses Bläuliche, ich weiß nicht, wie ich es nennen soll; die Flasche ist fast leer, und ich sehe rüber zu dem Kiosk, der immer offen hat.

Seitdem wir uns treffen, ist der Kiosk das Licht, das die ganze Nacht im Flur brennt. Immer wenn wir aufwachen, sehen wir ihn durch den Türspalt leuchten, dann holen wir neuen Wein, gehen zurück auf unseren Baum und ziehen uns die Nacht über die Ohren.

Wir liegen dann weiter da wie zwei staubige Straßen in der Mittagshitze, reglos fast, bis zum Morgengrauen, und lauschen in die Stille, die selbst da ist, wenn wir sprechen. Unsere Worte sind lautlose Worte. Sie haben kein Gewicht, aber sie lenken uns von dem ab, was ist. Es ist, daß wir vor einem leerge-spielten Brett sitzen und Züge tun, die ins Nichts füh-ren. Unsere Könige vollführen einen sinnlosen Tanz, sie taumeln über die Felder und müssen darauf achten, sich nicht zu nahe zu kommen.

Ich bilde mir plötzlich ein, sie riechen zu können, was unmöglich ist; zwischen uns ist fast ein halber Me-ter Luft, und es sind noch vier Stunden bis Sonnenauf-gang. Ich stehe also auf und hole Wein.

Die Kioskverkäuferin bekommt nie den Korken heraus, es ist immer dasselbe; allmählich fängt sie an, mir auf den Wecker zu gehen. Sie erinnert mich an meinen Briefträger, der die Zeitung so tief in den Briefschlitz stopft, daß ich bei dem Versuch, sie her-auszubekommen, nicht nur den halben Kasten ab-reiße, sondern auch die ersten Seiten zerfetze. Die Ti-telseite ist jedenfalls immer unlesbar. Kr ... i. ... ovo, entziffere ich vielleicht noch; der Rest hängt an un-sichtbaren Stahlzähnen, und diese Kioskverkäuferin ist genauso. Sie macht mich fertig mit ihrem Unvermö-gen.

Als ich zurückkomme, denke ich, daß sie aufgehört hat zu atmen. Sie liegt starr auf ihrem Ast, den Blick zu den Sternen gerichtet, und ich beuge mich über sie, um herauszufinden, ob sie noch am Leben ist.

Die Brötchentüte raschelt leicht, als ich mein Ge-sicht über ihres neige, aber ihre Augen bleiben starr; sie sieht durch mich hindurch, den Blick unscharf ge-stellt, und in meinem Kopf leuchtet eine ockerfarbene Landschaft.

Der Ast, auf dem ich liege, verläuft steiler als ihrer, aber am Ende wachsen beide in den Fluß. Ich habe noch nie einen Baum gesehen, der ins Wasser wächst und nicht in den Himmel. Jedesmal frage ich mich, warum keiner hier sitzt, wenn wir kommen. Die Äste sind breit wie Sofas, und die Astgabel liegt genau auf Höhe des Weges. Es ist, als wäre dieser Baum nur gewachsen, damit man auf ihn draufklettert, und es ist, als würde niemand das bemerken, niemand außer uns.

Was ist denn das für ein Ende, sagt sie; sie sagt das wie zu sich selbst, ich kann sie kaum verstehen, und der Geruch feuchter Kieselsteine mischt sich in den Geruch von Erde und Nacht.

Ich küsse ihren Hals, ihre Lippen; sie ist nicht kalt, sie schließt die Augen, und ihre Haare riechen nach Sommer. Wir stehen jetzt beide im Schach. Sie streckt die Hand nach mir aus. Ich rutsche vom Ast. Ich falle, spüre, wie sie sich festhält, wie es unter meinen Achseln reißt, mein Brustkorb schlägt gegen die Felsen, die Papiertüte platzt neben uns, und die Brötchen purzeln heraus, verteilen sich über die Steine wie erlöste Schachfiguren; gemeinsam rollen wir das Ufer hinunter, dem Wasser entgegen, das Spiel kann beginnen, und mein Herz schlägt hart gegen die spitzen Rippen.

Zweite Geschichte: Das rote Adreßbuch

Auf der untersten Stufe unseres Treppenhauses finde ich morgens ein rotes Adreßbuch. Es sieht aus, als wäre es jemandem aus der Hosentasche gefallen; die Form ähnelt einer Halfpipe, und das Kunstleder ist speckig und voller Tintenflecke. Es sieht aus wie das Adreßbuch eines Menschen, dem nie langweilig ist, weil er immer jemanden weiß, den er anrufen kann.

Ich sehe mich schnell um, dann bücke ich mich und nehme das Buch in die Hand. Das Register ist fledderig; besonders unter den Buchstaben L, N und U scheint es viele Einträge zu geben. Ich gehe ein paar Schritte auf die Briefkästen zu, dann schlage ich die erste Seite auf. Links oben, auf der Rückseite des Einbands, steht eine mit Füller geschriebene Adresse: *Christiane Döring, Methfesselstraße 14. Telefon: 17 34 12.* Keine Bewohnerin aus dem Haus also, auf den Briefkästen finde ich keine Christiane Döring. Wahrscheinlich hat sie jemanden besucht, denke ich, und: Bestimmt finde ich den Namen in dem Buch, dann werfe ich es in den Kasten, und alles kommt wieder in Ordnung.

Ich beginne also, in dem roten Adreßbuch zu blättern und stelle fest, daß die ersten Seiten leer sind. Ich erreiche B, aber auch dort ist kein Eintrag. Ich blättere immer schneller, lasse die Seiten schließlich unter meinem Daumen fliegen wie Spielkarten, F, G, H, aber die Seiten des gesamten Buches sind leer. Nur unter D blitzt etwas Blaues. Ich blättere zurück und lese oben auf der Seite: *Christiane Döring, Methfesselstraße 14. Telefon: 17 34 12.*

Das Buch gleitet hinten in meine Hosentasche, es paßt sich exakt der Form meines Gesäßes an, und ich laufe über die Wiese zur nächsten Telefonzelle. Nachdem ich den Hörer abgehoben und meine Chipkarte eingesteckt habe, wähle ich die Nummer von Christiane Döring. Sofort nach dem ersten Klingeln hebt sie ab, aber sie sagt nichts. Ich höre nur ihr Atmen und irgend etwas im Hintergrund, das wie das Geräusch eines Kanarienvogels klingt. Ich stelle mir vor, wie sie in der Küche sitzt, die Haare nach hinten gebunden, mit einer Packung Vogelfutter in der Hand, und fahre mit dem Zeigefinger langsam über ihren Namen, von links nach rechts; ich denke an all die Telefongespräche, die sie nie geführt hat, und höre noch einen Moment ihrem Atmen zu, dann lasse ich den Hörer fallen und spüre, wie mir die Hitze draußen die Luft nimmt. Ohne daß ich es gemerkt hätte, ist es Juli geworden.

Dreizehnte Station:
Könige über dem Ozean

Bis kurz vor der Jahrtausendwende war in Hamburg noch alles in Butter: Täglich legten große Fahrgastschiffe zum Einkauf ins zollfreie Paradies ab. Ohne von Bord gehen zu müssen, konnte man sich und seine Lieben in den schwimmenden Festsälen mit Waren eindecken. Vor allem aber waren Butterfahrten eine willkommene Alternative zum Altersheim. Und das ab fünf Mark am Tag. Heute gibt es Tagesfahrten in den zollfreien Raum nur noch nach Helgoland. Kurz bevor die klassische Butterfahrt abgeschafft wurde, bin ich schnell noch mal an Bord gegangen. Und habe eine Welt gefunden, die jedes Klischee erfüllte – und doch jenseits von all dem war, was man erwarten konnte ...

Sonntag, sieben Uhr dreißig: Wie ein riesenhaftes Mahnmal schwebt der Werbeballon für Abführmittel über dem Gelände des Hamburger Bahnhofs. Am Steig 7 steht der Bus bereit, und die ersten Fahrgäste laufen sich schon mal warm. Von Grüppchen zu Grüppchen. Heute ist Muttertag, da wird reihum gratuliert. Und bei Gelegenheit die Meinung über den gestrigen Abend abgeglichen: Grand Prix Eurovision de la Chanson. Bloß gut, daß der mit seinem Piep-

piep nicht gewonnen hat. Schämen muß man sich ja für den.

Der Busfahrer lehnt am Einstieg, die Daumen hinter den Hosenbund gehakt wie ein seltsamer Westernheld. Er wischt sich mit einem Tuch irgendwas von der Stirn und sieht in den Himmel. Dann zückt er sein Handy. »Hast du das Lefax-Männchen gesehen, Hilde? Schau doch mal kurz nach oben!«

Wie auf Kommando tauchen noch eine ganze Reihe anderer Werbeballons über den Dächern auf, alle unterschiedlich geformt. Als Haus. Als Kaffeetasse. Als Magen. Luftangriff der Werbestrategen. Seniorensegment. Trefferquote: nahezu 100 %.

Und als die gut dreißig Damen (keine Herren) eine halbe Stunde später im Bus sitzen, riecht es natürlich nach Speick-Seife, im Radio läuft natürlich »Tief im Süden meines Herzens« von Stefan Waggershausen, und aus den Gesprächen hört man verstärkt die Worte »Sauberkeit«, »Enkelin« und »Gallenblase«. Natürlich.

Aber da ist noch etwas anderes. Etwas, das so gar nichts mit den verbitterten Wenn-ihr-wüßtet-was-ich-durchgemacht-habe-Geschichten, nichts mit dem bleischweren Selbstmitleid kränkelnder Rentner zu tun hat: etwas wie Klassenfahrt. Wie jugendliche Aufgeregtheit. Etwas wie Kassetten nach vorne reichen und mitsingen. Wie unterwegs sein und nicht wissen, wohin. Und tatsächlich werden gerade die ersten Haribotüten aufgerissen.

Hertha, die ehrenamtliche Kartenkontrolleurin, nennt jede Butterfahrerin liebevoll »mein Schatz«, und sie sagt es so, als meinte sie es ernst. Als freute sie sich aufrichtig, jede einzelne von ihnen wiederzusehen. Sie kennt sie alle. Seit fünfundzwanzig Jahren ist sie dabei. Jeden Tag. »Wenn das hier nicht mehr ist, geh ich ins Wasser«, sagt sie. Wieder so, als meinte sie es ernst.

Over in the glory land / Jesus took me by the hand läuft jetzt im Radio. Zur Melodie von »Ja, mir san mit'm Radl da«. Und als der Bus am Ostpreußenkai in Travemünde ankommt, sind wirklich schon alle da: die »Heideperle« aus Lüneburg, der »Glückskäfer« aus Bad Segeberg und wie sie sonst alle heißen, die Busse mit den Reisegruppen, den Kegelclubs und Skatrunden. Am Wochenende ist das Publikum gemischt. Es sind sogar ein paar Jugendliche dabei, die sich einen Spaß machen wollen. Butterfahrt ist eben Kult, das muß jeder mal miterlebt haben.

Acht Mark kostet dieser Spaß, alles inklusive: Bustransfer, Schiffsfahrt, zollfreier Einkauf, Tanz, Animation.

Einmal ist Hertha fremdgegangen, zu einem Anbieter, der nur vier Mark wollte. Aber »da war alles so unsauber. Die Toiletten ...«, schlägt sie die Hände über dem Kopf zusammen, läßt sich aus dem Bus helfen und schiebt sich gemeinsam mit den anderen Passagieren in Richtung Gangway.

Die »Baltic Star«, eines der größten Fahrgastschiffe, die täglich zwischen Travemünde und dem dänischen Rødby hin und her fahren, liegt in der Sonne wie ein schläfriger Wal. Kaum vorstellbar, daß dasselbe Schiff noch vor dreißig Jahren unter dem Namen »Helgoland« als Hospitalschiff in Vietnam im Einsatz war. Wo heute der Einstieg ist, sind damals Raketensplitter eingeschlagen. Jetzt steht da eine freundliche Dame und heißt eine Busladung nach der anderen willkommen an Bord: »Reisegruppe Ballermann bitte in den Goldenen Salon, Reisegruppe Schäfer Reisen eine Treppe höher«.

Dazu lächelt sie verbindlich und händigt jedem einen numerierten Einkaufscoupon aus. *Damit Sie ungestört und in Ruhe einkaufen können, warten Sie bitte, bis diese Nummer aufgerufen wird*, steht darauf. Aber im Moment werden noch keine Nummern aufgerufen. Im Moment läuft der Grand-Prix-Siegertitel aus Israel über die Lautsprecher. Viva la Diva.

Ein kurzer Blick in den Goldenen Salon verrät, daß der Tisch bereits gedeckt ist. Und auf der Bühne proben schon die Blechbläser.

Vorher aber schnell noch an Deck und das Gefühl genießen, daß es gleich losgeht. Die letzten Busse fahren gerade ab, und niemand ist da zum Winken, niemand, der einem noch einen guten Rat mit auf den Weg geben könnte. Nur ein einsames Schild an der Reling warnt »Vorsicht, Absturzgefahr«, und angesichts des Doppelsinns drängen sich sofort Bilder von vollgekotzten Toiletten und grabbelnden Lustgreisen auf. Von bierseligen Karl-Moik-Verschnitten mit schnapsroten Wabbelgesichtern. Von Kaffee-Hag-Cliquen mit leicht bläulichen Haaren und Persianermänteln, die nach nassem Hundefell und Kölnisch Wasser riechen. Von Kriegsgeschichtentauschen wie Glanzbildchen.

Sich ein Bild von einer Butterfahrt zu machen ist nicht schwer. Man hat es fertig, ohne jemals eine besucht zu haben.

Aber genauso, wie der Deutschen liebste Ferieninsel nicht nur von Ballermännern bevölkert ist, gibt es auch auf Butterfahrten ein Leben jenseits des Klischees: ein paar Glanzbilder, die schön genug fürs Poesiealbum sind.

Als die »Baltic Star« ablegt, zum Beispiel, rennen Kinder zum Bug und spielen Titanic. Die Szene, in der Leonardo Di Caprio Kate Winslet sagt, sie soll die Augen schließen und ihm vertrauen. Die Kinder stellen sich auf die oberste Sprosse der Holzleiter und breiten die Arme aus. Hinter ihnen steht jemand. Falls das mit dem Fliegen nicht klappen sollte.

Das Außendeck ist mittlerweile voll von Liegestühlen, und es riecht nach einer Mischung aus Kokossonnencreme und Maschinenöl. Ein sanfter, warmer Geruch. Wie Urlaub. Dazu das monotone Stampfen der Motoren. Wegdriften. Nirgendwo ankommen müssen. Abtauchen. Titanic.

Und Leonardo lauert überall. In den Magazinen derer, die über zwanzig sind. In den Heftchen derer, die unter zwanzig sind. Und in den Köpfen aller, die auf der Suche sind. Nach was auch immer.

Der Rest hält sich an die Kreuzworträtsel im »Goldenen Blatt«. An ihre Karten- oder Würfelrunde. Oder an die Band, die jetzt im Goldenen Salon anfängt zu spielen. »Im schönen Böhmerland«. Zwischen den Liedern die üblichen Sprüche Marke »Wer kennt ein bayerisches Tier mit A? – A Hirsch!«, aber darüber lacht kaum jemand mehr. Den Witz hören sie täglich.

Hertha erklärt, weswegen die Leute so oft hier sind: »Das hat nicht nur mit dem zollfreien Angebot zu tun. Die meisten bekommen zwar Einkaufsaufträge von ihren Kindern und Enkelkindern. Aber für sie selbst zählt nur die Gemeinschaft. Wir sind hier eine riesengroße Familie. Wenn mal eine fehlt, machen wir uns ernsthaft Sorgen.«

Eine, die schon seit vielen Jahren glaubt, daß sie am nächsten Tag fehlen wird, und zwar für immer, ist Mimi aus Ostpreußen. Mit 93 ist sie die Älteste an Bord, dicht gefolgt von ihrer 92jährigen Freundin Frieda. Die beiden sind seit 1970 fast jeden Tag dabei. »Ich habe mein Leben gelebt«, sagt Mimi. »Und ich hoffe, daß bald alles vorbei ist. Uns Alten nehmen sie doch, was sie können.« Sie wirkt wütend. Nicht weinerlich. Und haut ihre Spielkarten auf den Tisch wie ein Zocker. »Vor drei Jahren ist mein Mann gestorben. Zu der Zeit konnte ich nicht mehr jeden Tag aufs Schiff. Da hieß es immer: ein Tag Schiff, ein Tag Krankenhaus. Das Boot hat mir die Kraft gegeben, weiterzumachen. Und jetzt machen sie uns alles kaputt.«

Daß es so weit nicht kommt und wenigstens die Tagesfahrten erhalten bleiben, hofft auch Kapitän Dölger: »Für viele ist dieses Schiff das Leben. Im Altersheim kämen die doch um. Ich kenne Frauen, die sind hier zum ersten Mal wirklich glücklich.«

Für alle anderen wird getan, was möglich ist, um sie glücklich zu machen. Oder zumindest in Partylaune zu versetzen: Im roten Salon bittet ein Hammondorgel-Schlagzeug-Kombinat Modell Silberhochzeit zum Tanz. In der Cafeteria gibt es alles für den Schwarzwälderkirsch-Freund. Im Backbordsalon werden Karten gespielt und gewürfelt. Und im Goldenen Salon wird gefeiert.

Derselbe Sänger, der eben noch dem blaublühenden Enzian ein längst bekanntes Denkmal gesetzt hat, stellt jetzt sein Talent als Udo-Lindenberg-Imitator unter Beweis. Und als er danach sogar zum folgsamen »Meister«-Schüler mutiert, ist der Saal nicht mehr zu halten: Plötzlich haben sie ihn doch alle lieb, den Guildo. Da wird mitgesungen, getanzt und geklatscht. Selbst der lodenbejackte Musikantenstadl-Huber da hinten klopft mit seinem Spazierstock begeistert den Takt mit. – Piep! – Piep! – Piep!

»Zwölf Punkte!« quittiert Klaus aus Heiligenhafen anschließend den Auftritt. Und erntet dafür Gelächter. Später, beim Bingo, erntet er noch ein Küchengerät. Aber das kriegt seine Mutter. Schließlich ist ja heute … genau.

Die anderen Gäste kriegen nur noch geistreiche Sprüche der Moderatorin. Zu jeder Zahl, die gezogen wird: »33! Mensch, Schnapszahlen sind doch immer noch meine Lieblingszahlen!«

Wie wahr. Deswegen geht's jetzt auch aufs Unterdeck. Zollfrei shoppen. Die Schlange im Supermarkt reicht bis vor den Eingang. In Hundertereinheiten wird Einlaß gewährt. Gerade sind die Nummern 42 300 – 42 399 dran. Kaufen kann man alles. Von Asbach-Pralinen bis Zahnseide.

Direkt hinter der Kasse dreht jemand den Verschluß seiner Jack-Daniels-Flasche ab und nimmt einen großen Schluck. Aber das ist die Ausnahme. Die meisten kaufen Hochprozentiges lieber in Form von Duftwässerchen: Mit Tosca kam schließlich schon früher die Zärtlichkeit. Und ein penetrant fideler Typ, der aussieht wie Lothar Matthäus, sprüht sich sein Eau de Toilette, das bestimmt Carl-Uwe Steeb heißt, sofort unters T-Shirt, bevor er wieder an Deck geht und am Kiosk ein Bier kauft. Ungefragt prostet man ihm zu. Die Flasche in der Hand signalisiert hemmungslose Plauderbereitschaft. Die Sonne macht alle gleich. Ein-Klassen-Gesellschaft. Wenn wir untergehen, dann alle zusammen. Alle für acht Mark. Und morgen das Ganze von vorn. Sieben Uhr dreißig unter dem Lefax-Himmel.

Die »Baltic Star« ist darauf abonniert, Menschen zu retten. Damals vor Saigon und Da Nang, heute als schwimmendes Festzelt. Wo jetzt der Goldene Salon ist, war früher die Frauen- und Intensivstation. Und irgendwie ist sie da immer noch.

Mario, der Steward, hält alle am Leben: Hertha. Mimi. Meta. Er macht jeden Spaß mit. Er liebt seine Mädchen. Und sie lieben ihn. Gerade zwickt ihn eine in die Seite. Als er sich umdreht, fängt sie an zu kichern und rennt weg. Flink wie ein Wiesel. Raus aufs Deck, über die Reling gebeugt, den Blick auf die Bugwelle gerichtet, die schäumend an der Bordwand ent-langrollt und langsam Richtung Horizont kriecht.

Hertha dreht sich zur Sonne, schließt die Augen und lächelt wie ein kleines Mädchen. Ihre Gesichts-züge werden ganz weich, und sie sieht aus, als wäre da gerade ein Schatten von ihr gewichen.

Nur ein paar Meter entfernt versucht jemand, einen »Sing, Sachse, sing«-Chor anzufangen. Aber das hört sie nicht mehr. Sie ist längst schon in einem Land, von dem keiner weiß, wo es liegt und was dort vorgeht. Und eigentlich geht das auch niemanden etwas an.

Vierzehnte Station: Freie und Hansestadt

*F*eucht bleibt es auch an unserer nächsten Station. Und so langsam nähern wir uns dem Zentrum der Hansestadt. Zumindest dem wirtschaftlichen. Denn wie die Bezeichnung »Hansestadt« schon sagt: Der Hafen ist der Nerv, das Herz, das Symbol der Stadt. Drehscheibe des Güterverkehrs, stellt der Hamburger Hafen immer noch den größten Arbeitgeber dar. Mehr als fünfzehntausend Schiffe löschen hier pro Jahr ihre Ladung oder nehmen Waren auf, die in über tausend verschiedene Häfen der Welt verschifft werden. Sie bringen Kaffee aus Südamerika, Teppiche aus dem Orient, Tee aus Indien, High-Tech aus Japan, Gemüse, Öle, Getreide und Kohle. Pro Tag verlassen vier Schiffe den Hafen in Richtung Asien, drei in Richtung Afrika, zwei fahren nach Amerika, und alle 48 Stunden läuft ein Schiff nach Australien oder Neuseeland aus.

Das gesamte Hafengebiet nimmt gut ein Siebtel des Stadtgebietes ein; der »Arbeitsplatz Hafen« ist somit größer als die Nordseeinsel Sylt. Die Containerkräne – synonym für Fernweh, aber auch für Zukunft und Wachstum – ragen sogar höher in den Himmel als das Wahrzeichen der Stadt, der Michel.

Freie und Hanse- und Brückenstadt. Das gilt hier besonders: Rollende Hochstühle aus Stahl, die wie Brücken aussehen und auch so heißen, schleppen Container auf dem Gelände herum. Eine Roboterwelt. Scheinbar unbewohnt. Doch fast unsichtbar arbeiten mehrere zehntausend Menschen direkt im und am Hafen. Mittelbar hängen nochmal fast viermal soviel Arbeitsplätze an den Kais und Kränen. Hunderte von Firmen, Reedereien, Maklern, Agenten, Banken, Versicherungen, Speditionen, Packunternehmen und Behörden existieren durch und für den Hamburger Hafen. Das »Tor zur Welt« ist nicht nur Versorgungs- und Distributionszentrale für den Warenbedarf eines großen Teils von Europa, sondern auch Attraktion für Tausende von Touristen. Besonders die Speicherstadt, eine der eindrucksvollsten Denkmallandschaften Hamburgs, die Ende des 19. Jahrhunderts auf der Brookinsel südlich des Zollkanals errichtet wurde, zieht die Besucherströme an. Damals war die monumentale Backsteinstadt der größte zusammenhängende Lagerhauskomplex der Welt. Anlaß für den Bau war der Anschluß Hamburgs an das Zollinland des Deutschen Reiches – ein entscheidender Wendepunkt in der Geschichte des Hafens: Unter zunehmendem Druck von Reichskanzler Bismarck mußte Hamburg bereits 1881 einer Zolleinigung zustimmen. Im Gegenzug erhielt die Stadt einen Freihafen und 40 Millionen Reichsmark, um im Freihafengebiet für insgesamt 120 Millionen Reichsmark die Speicherstadt anzulegen. Hafenbecken um Hafenbecken wurde nun im Stromspaltungsgebiet zwischen Norder- und Süderelbe gebaut. Bis zum Beginn des Ersten Weltkriegs entwickelte sich Hamburg zu einer der führenden Hafenstädte der Welt. Allein zwischen 1850 und 1860 verdoppelte sich der Frachtraum der Hamburger Handelsflotte. 1836 wurde der erste Liniendienst nach Nordamerika aufgenommen. Initiator dieser Linie, die vor allem Auswanderer in die Neue Welt brachte, war Robert M. Sloman, Pionier in Sachen Schiffahrt im Hamburg des 19. Jahrhunderts. 1847 gründete sich die HAPAG, die »Hamburg-Amerikanische Packetfahrt Actiengesellschaft«. Bereits 1914 entfiel fast die Hälfte der Tonnage der Hamburger Handelsflotte auf die HAPAG, damals die größte Reederei der Welt. Das Motto ihres Generaldirektors Albert Ballin (»Mein Feld ist die Welt«) war gleichzeitig Programm: Der in Altona geborene Selfmademan, der aus einer jüdischen Familie kam und in Hamburger Schiffahrtskreisen nicht gerade beliebt war, machte eine steile Karriere. Geschickt nutzte Ballin die Auswanderungswelle, setzte früh auf Fracht- und Passagierfahrten nach Übersee. Unter seinen Passagierdampfern gab es so berühmte Schiffe wie die »Vaterland« und die »Imperator«, ein Ozeanriese, der 1912, wenige Wochen nach dem Untergang der »Titanic«, vom Stapel lief und damals das größte Schiff der Welt war. Ein schwimmendes Luxushotel mit kostbarer Einrichtung, mit Turnhallen, Salons, Läden und Bädern. Den Bau dieser Super-Luxusliner kommentierten englische Kritiker mit den Worten »Ballin hat der Welt den Krieg erklärt«. Unter

Ballins Leitung errichtete man 1901 auch das neue HA-PAG-Gebäude am heutigen Ballindamm entlang der Binnenalster, das – natürlich – wieder von Hamburgs damaligem Stararchitekten Martin Haller entworfen wurde. Zu Ballins Freunden gehörte auch Kaiser Wilhelm II., der häufig in dessen Säulenvilla zu Gast war, denn er schätzte den Rat des Reeders. Der Kaiser kam während der alljährlichen Regatta regelmäßig zum Frühstück. Erst jüngst wurden die Stühle versteigert, die Ballin für den hohen Besuch hatte anfertigen lassen.

Die HAPAG war Ballins Leben und Lebenswerk, das er gegen Kriegsende zerstört sah. Während der Novemberrevolution schlug der Arbeiter- und Soldatenrat in Ballins Büro sein Hauptquartier auf. Vier Tage später, am Tag der Ausrufung der Republik, nahm Albert Ballin eine tödliche Dosis Schlaftabletten. Ganz überambitionierter Seemann, ging der Kapitän nicht nur als letzter von Bord, sondern mit seiner Flotte unter. Und natürlich wird so jemand spätestens dann und trotz alledem in Hamburg zum Helden.

Obwohl die Weltkriege vorübergehend den Verlust der gesamten Handelsflotte und langjährige Verbote im Schiffbau mit sich brachten, wurde Hamburg als Reederei- und Werftenstandort nicht in Frage gestellt. Das besorgte erst die Krise seit Mitte der siebziger Jahre. Industriebetriebe wurden im Hafengebiet angesiedelt, die Werften verloren an Bedeutung.

Moderne Containerterminals aber weisen in eine profitable Zukunft. Die dicken Kisten, die in den letzten dreißig Jahren den Gütertransport revolutioniert haben, sind weltweit genormt. Die Traummaße der Container: 40 × 8 × 8,6 Fuß. Das Halbformat, der 20-Füßer, ist das Maß aller Dinge. Nach ihm wird der Container-Umschlag berechnet. Bereits im Jahr 1997 hat der Hamburger Hafen 3,4 Millionen Tonnen TEU (Twenty Foot Equivalent Unit) umgeschlagen, was aneinandergestellt eine Containerstrecke ergäbe, die von Hamburg bis nach Neuseeland reichen würde. Stückgut gelangt inzwischen fast ausschließlich per Container nach Hamburg; die »Schatzkisten der Meere« stapeln sich auf den Terminals zu Tausenden. Permanent kommen Container rein und raus, per Schiff, per Bahn, per LKW 10 000 täglich.

Gesteuert wird der Wirrwarr von Computern, Satelliten, Radar-Laser-Technik und – Menschen natürlich. Meist ehemalige Kapitäne, die in biederen Büros auf ihren Bildschirmen jederzeit den aktuellen Platz jedes Containers ersehen können. Ein Computer bestimmt, wo der Container je nach Inhalt am günstigsten abgestellt wird. Sobald ein Abholer einen Container anfordert, wird sofort ein in der Nähe fahrender Van-Carrier beauftragt, die Kiste zu holen.

Im Verbund mit dem Computer hat der Container auch das soziale Leben im Hafen total verändert: Wenn früher Barkassen und Schuten durch die Hafenbecken schipperten, Schauerleute Sackkarren über die Kais schoben und Quartiersleute die Waren in den Speichern lagerten und pflegten; wenn damals das Hämmern der Werftarbeiter durch den Hafen tönte und am Hafenrand in den typischen Seemanns- und Hafenarbeiterkneipen das Leben pulsierte, erinnern heute nur noch ein historischer Hafenkran und drei Museumsschiffe an die stolze Geschichte des Hamburger Hafens. Zum einen die 1896 gebaute Dreimastbark »Rickmer Rickmers« an der St.-Pauli-Landungsbrücke, die sich mit Ebbe und Flut ächzend hebt und senkt. Die Masten der Rickmer Rickmers, einer der letzten Großsegler mit Stahlrumpf, sind 53 Meter hoch; mit einer Segelfläche von maximal 3500 Quadratmetern konnten 3000 Tonnen Fracht befördert werden. Original eingerichtete Kabinen, Kombüse und ein echtes Seemannsklo vermitteln heute, nachdem der Segler auch als Schulschiff ausgedient hat, Authentizität. Der hamburgische Grundsatz »Wenn Tradition, dann muß sie auch Geld bringen« spiegelt sich hier im kleinen: im Bordrestaurant und darin, daß die Rickmer Rickmers auch für private Gesellschaften zur Vermietung steht. Viele Firmen nutzen diese Gelegenheit für hafennahe PR-Veranstaltungen mit deftiger Seemannsverpflegung. Für einen Abend so tun, als ob, ist eben immer noch des Hanseaten liebste Beschäftigung.

Nicht weit von der Rickmer Rickmers entfernt, an der Überseebrücke, liegt der einzig erhaltene Stückgutfrachter aus den Tagen vor dem Containerzeitalter: die »Cap San Diego«, der »stolze Schwan des Südatlantiks«, der 1962 vom Stapel lief und bereits Mitte der achtziger Jahre vor der Verschrottung gerettet werden mußte – und der heute in seinem stählernen Leib

selbstverständlich ein Museum nebst Restaurant be-
herbergt.

Im nahe gelegenen City Sporthafen liegt das dritte
Museums-, nämlich das »Feuerschiff« – ein nach alter
Tradition in Nietenbauweise errichtetes Schiff mit viel
maritimem Equipment zum Sehen und Staunen.

Während in den sechsziger Jahren ein mittlerer
Frachter für das Löschen und Laden von rund drei
Tonnen Fracht eine Woche lang am Kai lag und Hun-
derte von Menschen beschäftigte, bleibt ein modernes
Containerschiff, das heute zwölfmal so viel geladen
hat, meist weniger als einen Tag im Hafen, bevor es
sich mit neuer Ladung wieder auf die Reise macht.
Statt der mühsamen Ein- und Auspackerei werden die
Boxen per Knopfdruck angehoben und abgestellt.
Liegezeit am Hafen ist teuer. Große Containerbrük-
ken ent- und beladen nach computerberechneten
Plänen die Schiffe im Eiltempo. Mit diesem Knopf-
druckumschlag ist der Hafen zur scheinbar menschen-
leeren Spielzeugstadt geworden.

Begonnen hat diese Entwicklung im Jahre 1967, als
die Hamburger Bürgerschaft beschloß, den Hafen der
Stadt zum Containerhafen auszubauen. Eine umstrit-
tene Entscheidung damals, da die Elbe und die neuen
Hafenbecken vertieft werden mußten, was nicht nur
hohe Kosten, sondern auch die Entsorgung großer
Mengen giftigen Hafen- und Flußschlamms bedeu-
tete. Betrachtet man jedoch den aktuellen Umschlag,
dann können sich die Befürworter des Projektes
»Containerhafen Hamburg« bestätigt fühlen – denn

der heutige Hafen steht nach Rotterdam an zweiter Stelle in Europa und an sechster in der Welt.

Das Containersystem ließ zwar die Zahl der Arbeitsplätze im Hafen drastisch sinken, doch eröffnete die Modernisierung des Hafens die Chance, Hamburg vom althergebrachten Universalhafen, in dem Waren aller Art und in jeder Form angeliefert wurden, zur konkurrenzfähigen Dienstleistungs- und Verteilungszentrale auszubauen. Die Rechnung ist einfach: Werden Waren direkt vom Schiff auf den LKW oder auf die Bahn umgeladen, dann fällt weniger Arbeit an, als wenn sie eine Zeitlang im Hafen betreut und von hier aus gezielt an Einzelkunden verteilt werden. Ein Service, bei dem geordnete Lagerung und pünktliche Verschickung (und damit die Computer) immer wichtiger werden. DAKOSY heißt das Hamburger Datenkommunikationssystem, mit dem Hafen- und Logistikunternehmen der Stadt über EDV vernetzt sind, so daß die drei Millionen Quadratmeter Lagerfläche für Hafengüter aller Art, 700 000 Tonnen Silo- und Lagerkapazität für Getreide und andere Sauggüter, zweieinhalb Millionen Kubikmeter Tanklagerkapazität und dreieinhalb Millionen Kubikmeter Raffinerielager, Hochsicherheitslager für Edelmetalle, Mikrochips, Chemikalien etc. überschaubar bleiben.

Um den Hamburger Hafen weiter zum Distributionszentrum auszubauen, entsteht in Altenwerder auf einer Fläche von zweihundert Hektar Europas modernstes Güterverteilerzentrum – wofür nach alter hansischer Tradition natürlich wieder ein paar alte Dörfer dran glauben mußten.

Dran glauben muß langsam, aber sicher auch die gute alte Seemannstradition: Im Zeitalter der Computerterminals bleiben die typischen Seefahrerattraktionen nur Legende. Das Kennenlernen anderer Länder und Städte, zum Beispiel: Es gibt kaum Zeit für den klassischen Landgang. Die Stadt ist weit weg; eine Taxifahrt hin und zurück kostet 100 DM. Deshalb sieht man immer häufiger Billighuren, die direkt am Hafen vor ihren Autos oder Wohnwagen stehen und für fünfzehn Dollar die Viertelstunde mit Matrosen in den Kabinen verschwinden.

Konsequent feiert auch St. Pauli seine Seemannstradition von Suff und Puff mit Vertretern aller Berufe – nur nicht mit Seeleuten. Ausgerechnet die Matrosen, die die Waren für Hamburgs Läden bringen, können selbst nicht vor dem Schaufenster stehen. Der Hafengeburtstag findet ohne Matrosen statt. Das paßt nicht nur zur kühlen aristokratischen Diva und Medienmetropole, sondern auch zum Hafengeburtstag, der jährlich am 7. Mai gefeiert wird – und seine Rechtfertigung aus einer glatten Fälschung zieht. Denn den Freibrief, den Kaiser Friedrich Barbarossa angeblich am 7. Mai 1189 für die Bürger der Hamburger Neustadt ausgestellt hat (und von dem sie seit mehr als achthundert Jahren ihr Recht auf freien Handel, Seefahrt und Unabhängigkeit ableiten), haben sich die Hamburger zweihundert Jahre später kurzerhand selbst geschrieben. Der jährlich begangene

Hafengeburtstag ist daher zwar ein willkommener Anlaß, die längste Würstchenbudenstraße der westlichen Hemisphäre aufzubauen. (Feuerlöschboote lassen Fontänen steigen, Schlepper tanzen Ballett, und das Volk amüsiert sich zwischen Gyros und Live-Musik.) Aber strenggenommen ist der Hafengeburtstag ein Fest, das in großem Stil vor allem eins feiert: eine glatte Urkundenfälschung.

Fünfzehnte Station: Die vierte Gewalt

D as Haus an der Elbchaussee Nr. 257 ist einge-
zäunt wie ein Hochsicherheitsbereich. Nein. Es
ist ein Hochsicherheitsbereich. Mit Stacheldraht und
Videoüberwachung. Jahrelang stand davor sogar ein
getarnter Wohnwagen: doppelter Personenschutz. In
dem Haus wohnt Peter Tamm, in seiner Zeit als Vor-
standsvorsitzender des Axel Springer Verlags einer der
am meisten gefährdeten Wirtschaftsführer der Republik. Inzwischen widmet er sich, ein paar Häuser weiter, in Nr. 277, seinem »Wissenschaftlichen Institut für
Schiffahrts- und Marinegeschichte«, und damit ist der
»Naturbursche« Tamm gleichermaßen an der See, im
(Blätter-)Wald und im (Medien-)Dschungel zu Hause,
befindet sich also mitten im Hamburger Wohlstands-
dreieck (läßt man mal den großen Bereich der Dienstleistungen außer acht, um den es erst am Schluß dieses
Kapitels gehen soll).

Also: die Presse. Angeblich die vierte Gewalt, die
im demokratischen Staatswesen darauf aufpassen soll –
inoffiziell, versteht sich –, daß die drei anderen Ge-
walten nicht über die Stränge schlagen. Fakt ist: Etwa
die Hälfte aller deutschen Presseprodukte stammt aus

Hamburg. Daß nun ausgerechnet eine geographische Randlage den Mediennabel der Nation bildet, liegt zum einen an den vergleichsweise liberalen Gesetzen der britischen Besatzer, denen die Deutsche Presse-Agentur (DPA) und der spätere Norddeutsche Rundfunk (NDR) ihre Existenz zu verdanken haben. Zum anderen hängt das natürlich eng mit Persönlichkeiten und Machern wie Henri Nannen (Stern), Rudolf Augstein (Spiegel) oder Gerd Bucerius (Die Zeit) zusammen. Immer noch zittern jeden Montag Teile der Politbürokratie vor dem neuen Spiegel, der pro Woche rund eine Million Exemplare verkauft. Aus Hamburg kommen Vorzeigepublikationen wie Geo, Merian, National Geographic und Mare, Frauenzeitschriften wie Brigitte, Allegra, Amica, Petra (jeweils für unterschiedlichste Zielgruppen), aber auch Schöner Wohnen, Hörzu, Max, Die Woche oder Cinema.

Doch nicht nur Printmedien, auch jede zweite in Deutschland verkaufte CD kommt aus der Hansestadt: Allein an der Osterstraße, einer sonst eher gemächlichen Einkaufsmeile im Herzen von Eimsbüttel, sieht man den mächtigen BMG-Klotz (vor dessen Eingang man schon unter Sonnenbrillen hervorweinende Mitglieder der Mädchengruppe Tic Tac Toe hat stehen sehen) vis à vis auf den optisch eher mickerigen Konkurrenten eastwest Records herabblicken, dessen Geschäftsräume von außen stark an ein Sonnenstudio oder ein Kosmetikinstitut erinnern.

In Hamburg haben sich nicht nur die Giganten der Zeitungs- und Zeitschriftenverlage niedergelassen

(Axel Springer, Heinrich Bauer, Gruner + Jahr, der Jahreszeiten-Verlag, die Verlagsgruppe Milchstraße, der Spiegel-Verlag), sondern auch achtzig Buchverlage (darunter Hoffmann & Campe, Rowohlt und »Harry Potter«-Carlsen). In Hamburg gibt es ein halbes Dutzend TV-Sender bzw. ihre Dependancen, zahlreiche Hörfunkstationen, weit über fünfzig Tages- und Wochenzeitungen, knapp hundert wöchentlich bzw. vierzehntägig erscheinende Zeitschriften, über 150 Monatszeitschriften und noch mal so viele Zeitschriften unterschiedlicher Erscheinungsweise. Von Hamburg aus werden die Tagesschau und die Tagesthemen gesendet. Und im großen »Studio Hamburg« beispielsweise »Tatort« oder die »Sesamstraße« produziert. Rund 100 000 Beschäftigte zählt die Hamburger Medienbranche, die jährlich einen Umsatz in zweistelliger Milliardenhöhe erzielt – wobei die Werbewirtschaft auf dem Siegerpodest flankiert wird von den Plätzen zwei (Verlagswesen) und drei (Filmwirtschaft).

Ein beeindruckendes Monument dieses Wirtschaftszweigs ist die spektakuläre »Medienstadt« des Gruner + Jahr-Verlags am Baumwall. Wie ein Dampfer auf Stelzen liegt der Verlagsneubau am Hafenrand und macht es damit den großen Reedereien nach. Das Gebäude formiert sich aus vier zur Elbe gerichteten Hauptschiffen und drei kleinen Schiffen im Nordteil. Die Verbindungen beider Teile stellt der »Toboggan« dar, ein vierzig Meter hoher Eingangsturm. Zur Hälfte besteht das Pressehaus aus Glas, die übrigen Fassadenflächen sind mit silbern schimmerndem Titanzink verkleidet. Bullaugen, Relings, Sonnensegel und Oberdecks verstärken den Eindruck eines riesigen Schiffes. Im Inneren wurde die Medienstadt in Innenhöfe, Galerien und »Schlenderzonen« eingeteilt.

Trotz alledem – und das ist für eine Medienmetropole eigentlich ein Armutszeugnis – gibt es nur zwei »echte« Tageszeitungen, wenn man mal von den Regionalausgaben der »Großen« absieht: die Hamburger Morgenpost (ehemals Gruner + Jahr), von Freunden und sich selbst liebevoll Mopo genannt, und das Hamburger Abendblatt (Springer-Konzern). Die Mopo steuert nach ihrem Verkauf an Hans Barlach und den Versandhauserben Frank Otto hart auf BILD-Zeitungs-Kurs, und das gemächlich-bürgerliche Abendblatt tut eigentlich niemandem weh. Zumindest in diesem Punkt darf daher ruhig schlechten Gewissens in Richtung Hauptstadt geschielt werden.

Daß die alte Tante »Zeit« ihren mal belächelten, mal gefürchteten Kollegen von der »Woche« direkt auf die Finger (und damit natürlich auch auf die Schreibtische) gucken kann, liegt daran, daß die Häuser quasi direkt gegenüber liegen – jeweils in Straßen mit für die schwelende Rivalität zwischen den beiden Wochenblättern so bezeichnenden Namen wie Speersort (Die Zeit), eine Straße, in der früher wirklich Speere geschmiedet wurden, und Brandstwiete (Die Woche), deren Bezeichnung auf den Großen Brand zurückgeht, der 1842 fast die gesamte historische Altstadt vernichtet hat.

Natürlich gründet sich Hamburgs Wohlstand seit

jeher auf den Hafen. Aber nicht nur als Handelsstadt, sondern auch als Börsen-, Banken und Versicherungszentrum blickt Hamburg auf eine lange Tradition zurück. 1558 eröffnete an der Elbe die erste deutsche Börse. 1676 gründeten die Pfeffersäcke mit der Hamburger Feuerversicherung die erste Versicherung der Welt. 1778 kam die erste Sparkasse dazu.

Im Zuge der industriellen Revolution wuchs Hamburg seit Mitte des 19. Jahrhunderts auch zu einem wichtigen Industriestandort heran. Mit der Gründung großer Werften – wie Blohm & Voss 1877 – entstanden Tausende neuer Arbeitsplätze. Erst die Strukturkrise in den 1970er Jahren krempelte Hamburgs Wirtschaft um: Im Schiff- und im Maschinenbau gingen Zigtausende von Arbeitsplätzen verloren. Die Stadt setzte voll auf den Strukturwandel und hat sich zur Dienstleistungsmetropole des Nordens gemausert: Fast achtzig Prozent der knapp eine Million Erwerbstätigen in Hamburg sind in Handel, Banken, Verkehr und anderen Dienstleistungsbranchen beschäftigt. Fast zweihundert Kreditinstitute gibt es an der Elbe, knapp hundert Versicherungen haben hier ihren Hauptsitz. Ganz zu schweigen von den Werbeagenturen, unter denen sich nicht nur Niederlassungen der größten Agenturnetzwerke der Welt befinden, sondern auch so herausragende Kreativschmieden wie Springer & Jacoby, Jung von Matt und Zum Goldenen Hirschen. Agenturen dieser Qualität holen in Cannes (oder wo sonst grad Werber-Löwen, Effies oder Rollen verteilt werden) immer den Löwenanteil in die Hansestadt.

Daß Hamburg eine Dienstleistungsmetropole ist, merkt man aber auch an den skurrilen Pflänzchen am Rande der Oase. Eine der sonderbarsten Formen davon ist eine kleine »Agentur für Alltagsdienste« in Eimsbüttel. Der Laden wirkt von außen etwa so seriös wie eine Visitenkarte, auf der als Berufsbezeichnung Import / Export steht. Die Schaufenster sind beklebt mit Handzetteln, die man sonst nur in Metzgereien findet, und über dem Eingang leuchtet in knalligem Schwarz-Orange »Dienstleistungen aller Art«. Ein Begriff, der alles und nichts bedeuten kann, aber fast immer nach krummen Geschäften riecht. Der erste Gedanke: Wer hier einen Fuß reinsetzt, muß eine gute Lebensversicherung haben.

Auch der verstohlene Blick ins Ladeninnere – zwischen Angebotszetteln für dubiose Dienste wie »Single-Stadtführungen« oder »Scene-Company« hindurch – scheint den Verdacht nur zu bestätigen: Im Vordergrund eine Sitzecke, die in den Fünfzigern mal topmodern gewesen sein muß, dahinter ein Schreibtisch aus der Zeit, in der Bill Gates eine Maus noch für was Pelziges gehalten hat. An der Tür ein Hinweis: »Bin im Garten. Bitte über den Spielplatz ums Haus gehen und rufen.« – Klar. Um dort den Geschäftsführer auf einer Parkbank zu überraschen, womöglich mit einer Flasche Bier in der Hand. Nee, danke. Schnell weitergehen und so tun, als bestünde die Welt nur aus rotgesichtigen Wurstverkäufern, die sich freundlich über die Ladentheke beugen und kleinen Kindern zusammengerollte Mortadellascheiben in die Hand drücken. Da, und nur da, wollen wir nämlich diese knallbunten Zettel sehen, und aufgeschrieben sein muß: »Hohe Rippe: 1 kg jetzt nur 2,99 DM«.

Plötzlich geht die Tür auf. Von innen. Es macht nicht ding-dong wie in alten Kramerläden, und es kommt auch kein Kerl mit abgesägter Schrotflinte heraus, der aussieht wie der Hauptdarsteller aus »Western von gestern«, sondern eine junge Frau, die sich als Gudrun vorstellt und gelegentlich für »Quick Service« arbeitet, wie sie sagt. »Quick Service« ist übrigens der Name des ominösen Ladens, und auch der kann viel bedeuten. »Okay, bringen wir den Job hinter uns«, sagt zum Beispiel ein Killer zum anderen, und wie es der Zufall will, ist auch Gudrun auf dem Weg zu einem Job: Flyer stecken. Für einen Headshop. Drogen. Aha. Also doch. Aber Gudrun winkt ab: »Die haben da nur Mobiles mit Delphinen dran. Und natürlich Räucherstäbchen. Diese Dinge.«

Zu »diesen Dingen« gehören zwar auch ein paar Wasserpfeifen, aber trotzdem sieht alles ganz harmlos aus. Gudrun schnappt sich die Zettel und fängt an, sie in den Briefkästen der Umgebung zu verteilen. Dabei erzählt sie ein bißchen über »Quick Service« und die Idee, die dahinter steckt. »Ich kenn den Peter jetzt schon sehr lange«, sagt sie, und: »Was der auf die Beine gestellt hat, ist echt bewundernswert.«

Peter, so heißt der Gründer von »Quick Service«. Peter Schmidt. Und seine Geschäftsidee, sagt Gudrun, war im Grunde ganz einfach: Als er vor zwei Jahren arbeitslos geworden ist, hat er aus der Vorzeigeprovokation vieler seiner Kollegen kurzerhand ein Konzept gemacht: »Nehme jede Arbeit an.«

Nur hat sich Schmidt diesen Satz nicht um den Hals gehängt, sondern ins Schaufenster seines neu eröffneten Ladens. Mit nur 2000 Mark geliehenem Startkapital und einer simplen Idee im Kopf mietet sich der gelernte Elektriker ein kleines Büro, kauft sich einen PC, stellt Tisch, Stuhl und Telefon dazu. Die Dienstleistung »für alles, wozu Sie keine Zeit oder keine Lust haben«, war geboren.

»Eigentlich hat Peter damit nur publik gemacht, was er im Freundes- und Bekanntenkreis sowieso immer getan hat«, sagt Gudrun und wirft die letzten Flyer ein. »Kleinere Gefälligkeiten wie Regale verrücken oder Lampen anschließen. Alltagsdienste, um die sich niemand reißt: Bügeln, Einkaufen, Getränkekisten tragen. Was lag da näher, als aus seinen vielseitigen Fähigkeiten auch mal Profit zu schlagen?«

Gudrun hat jetzt alle Flyer verteilt und ist auf dem Weg zum nächsten Auftrag: Katze füttern und Geschirr spülen. Bei einer Rechtsanwältin, die für zwei Wochen im Urlaub ist.

Während sich die Katzenfutterdose am Öffner herumdreht, erinnert sich Gudrun an ihren ersten Job: »Das war eine Schauspielerin, die es zeitlich einfach nicht schaffte, ihre Wäsche in die Reinigung zu bringen und wieder abzuholen. Das hab ich dann für sie erledigt.«

Der erste größere Auftrag, die komplette Umgestaltung einer Gartenanlage in Blankenese, ließ nicht lange auf sich warten, und bald sprach sich das außergewöhnliche Dienstleistungskonzept auch in anderen Stadtteilen herum. Da gab es zum Beispiel eine Kapitänswitwe, die ihrem Enkel zum Geburtstag einen Original-Holzroller aus dem Jahr 1956 schenken wollte – mit Blinker, der noch von Hand gesetzt werden mußte: »Peter hat es tatsächlich geschafft, so ein Ding zu besorgen und zwei Tage später als Geschenk verpackt in der Villa dieser Frau abzuliefern.«

Richtig in seinem Element scheint Peter Schmidt aber vor allem dann, wenn es um die Erledigung von Arbeiten geht, für die sich niemand zuständig fühlt – oder an denen sich keiner die Finger schmutzig machen will. Die gesamte Grauzone, die von Fachbetrieben nicht mehr abgedeckt wird oder für die es noch keine Bezeichnung gibt.

Welches Unternehmen begleitet zum Beispiel Ausländer bei Behördengängen? Wer sortiert Bücher nach alphabetischer Reihenfolge? Und wer, bitte schön, entführt die Bauersfrau aus Schleswig-Holstein einmal in ihrem Leben ins legendäre »Café Keese«? – Die Antwort klingt so einfach wie der Mustername auf Kreditkarten: Peter Schmidt. Platzhalter für Wünsche aller Art. Und manchmal auch für den großen Traum: den Traum von Hollywood.

Als Schmidt an diesem schönen Maienmorgen aus den Tiefen seiner Kellerwerkstatt zurück ins Büro kommt, gibt ihm Gudrun zunächst den Wohnungsschlüssel zurück; er umarmt sie, schenkt ihr ein strahlendes Lächeln, dann verabschieden sie sich. Es warten bereits die nächsten Kunden. Karlheinz und Pancha. Die beiden wollen zum Film. Sie als Schauspielerin, er als ihr Manager. Ob Schmidt da nicht was machen könne. Er sieht die beiden an, dann dreht er sich eine Zigarette und lächelt. Natürlich kann er. Aber natürlich nicht hier. Solche Gespräche werden in gehobener Atmosphäre geführt, da sind sich alle einig. Und da das »Vier Jahreszeiten« ein bißchen weit weg ist, geht man ausnahmsweise nur ins Kaffeehaus um die Ecke.

Als Milchkaffee für alle auf dem Tisch steht, werden Sonnenbrillen aufgesetzt. Dann redet man übers Geschäft: Schmidt, der vor einer halben Stunde noch die letzte Scheibe an einer von ihm restaurierten Tür festgekittet hat, spricht plötzlich über den Unterschied zwischen amerikanischer und europäischer Filmindustrie, als wäre er zwischen Drehbüchern und Scheinwerfern groß geworden. Ein Peter Schmidt kann eben alles. Und wenn nicht, dann kennt er zumindest Leute, die ihm dabei helfen. In diesem Fall einen alten Bekannten, der früher mal beim Film war – und jetzt wahrscheinlich eine Visitenkarte bei sich trägt, auf der Import / Export steht.

Sechzehnte Station: Wasserträger

So langsam nähern wir uns dem Ziel unserer Fahrt.
Und bevor ich das vergesse, muß ich Ihnen jetzt
unbedingt noch einen kleinen Erste-Hilfe-Kasten
Hamburger »do's« und »dont's« packen. Vielleicht sind
Sie irgendwann froh, ihn gegen Ende Ihrer Reise unter
dem Sitz entdeckt zu haben. Möglich, daß er Sie vor
unangenehmen und peinlichen Situationen bewahrt.

Fangen wir mit den peinlichen Situationen an: Vermeiden Sie es um Gottes Willen, wenn Sie zum ersten
Mal nach Hamburg kommen, so zu reden, wie Sie
glauben, daß man in Hamburg redet. Wenn Sie zum
Beispiel in eine Bäckerei gehen, statt eines Brötchens
ein »Rundstück« verlangen und dazu womöglich noch
versuchen, das »s« möglichst s-pitz auszusprechen,
wird man Sie komisch ansehen. Man wird Sie mit
demselben Blick ansehen, mit dem Jugendliche einen
Sechzigjährigen ansehen, der plötzlich irgendwas »su-
percool« oder »total abgefahren« findet. Also mit einer
Mischung aus Mitleid und Ekel. Das sogenannte
»Missingsch«, eine angeblich typisch hamburgische
Mischung aus Platt- und Hochdeutsch, spricht heute
kein Mensch mehr. Es ist eine Erfindung des Ohn-

sorg-Theaters, des Fremdenverkehrsbüros und von skrupellosen Souvenirladenbesitzern, denen keine Gelegenheit zu schäbig ist, volkstümliche Sprüche auf Deckchen sticken zu lassen oder in der Drittes-Reich-Typographie »Alte Schwabacher« rustikal in eine Holzscheibe zu brennen, die man sich dann später in den Eingangsbereich des Hauses, über den Kamin oder in den Partykeller hängen kann. »Kole Feut un Nordenwind / gift en krusen Büddel un en lüttn Pint«, steht zum Beispiel gern auf solcherlei Nippes, und es ist jedem selbst überlassen, die Übersetzung dieser Sprüche, die sich allesamt auf einem Niveau knapp unterhalb der Stammtischgrenze bewegen, zu boykottieren.

Falls Sie »Missingsch« außerhalb der eben umrissenen Sperrgebiete noch zu hören bekommen, sind Sie entweder in einer finsteren Kiezspelunke gelandet, in der Sie nichts verloren haben sollten, oder auf dem Wochenmarkt. Oder aber, Sie machen gerade eine Hafenrundfahrt, und der Kapitän ist ein großartiger Poser. Aber das sind sie eigentlich alle. Sämtliche Kapitäne bei Alster- und Hafenrundfahrten sind großartige Poser: Selbstdarsteller, deren größtes Glück es wäre, eine eigene Samstagabendshow zu bekommen und Ihnen während der Fahrt viel dummes Zeug zu erzählen. Aber unterhaltsam ist es allemal. Und wenn Sie die Fakten, die da nebenbei vermittelt werden, durch zehn teilen, haben Sie auch einigermaßen verläßliche Informationen. Dafür müssen Sie dann zwar pausenlos Scherze über sich ergehen lassen, die so flach sind, daß sie der Wasseroberfläche gefährlich nahe kommen (»Hier drin, meine Damen und Herren, werden die Bananen gebogen, damit sie besser in die Kisten passen«), aber das gehört eben dazu.

Auch ist es ein Trugschluß, daß alle Hamburger zur Begrüßung und zu jeder Tages- und Nachtzeit »Moin« oder gar »Moin Moin« sagen (abgesehen von den oben genannten Kapitänen, natürlich). In all den Jahren, die ich hier bin, habe ich das noch nie von einem normalen Menschen gehört. Abgesehen davon hat diese Formel auch gar nichts mit »Morgen« zu tun, auch wenn es wie ein vernuscheltes »Guten Morgen« klingen mag. »Moin« ist angeblich vielmehr die Verkürzung der alten Seemanns-Begrüßung »Moin Wind«, mit dem einem früher prall gefüllte Segel gewünscht wurden.

Reden Sie also so, wie Ihnen der Schnabel gewachsen ist, aber versuchen Sie in keinem Fall, »plattdütsch« oder »missingsch« zu sprechen. Sagen Sie also »Guten Tag« oder meinetwegen »Grüß Gott«, aber lassen Sie das »Moin« weg, wenn Sie aus Regensburg sind.

Richtig abqualifizieren können Sie sich auch, wenn Sie meinen, sich besonders volksnah geben zu müssen und ein kräftiges »Hummel, Hummel« in den Saal schmettern, verschmitzt darauf wartend, als Antwort »Moors, Moors« zu erhalten und damit als Hanseat erkannt zu werden, als einer von ihnen, und sofort Bier und Schnaps hingestellt zu bekommen. Eher kann es Ihnen passieren, daß man hinter Ihrem Rücken die Augen verdreht. Denn dieser sattsam bekannte angebliche Schlachtruf der Hamburger geht auf eine alte Geschichte zurück, die selbst alteingesessene Hamburger nicht mehr kennen und die ebenso unspektakulär wie blöd ist: Georg Daniel Christian Hummel nämlich war im 19. Jahrhundert Wasserträger, das heißt, er gefiel sich in längst vergangenen Tagen darin, Wasser in zwei Eimern an einem Tragholz in die Neustadt zu bringen und zu verkaufen. Dieser Hummel also wurde ständig begleitet von einer Horde johlender Kinder, die ihm seinen Namen hinterherriefen. Auch sein Nachfolger, Johann Wilhelm Bentz, wurde von der Bande mit diesem Namen verspottet – nur daß dessen Leidensbereitschaft entschieden geringer war. Und so giftete er auf das ständige »Hummel, Hummel« ein deftiges »Moors, Moors« zurück, was gleichbedeutend ist mit dem berühmten Satz des Götz von Berlichingen.

Der falsche Hummel jedenfalls avancierte zum Inbegriff des Hamburger Originals, ist auf den Wagen der Hamburger Wasserwerke präsent und in einem Brunnendenkmal am Rademachergang verewigt. Wer jedoch dafür verantwortlich ist, den kompletten Wortwechsel »Hummel, Hummel, Moors, Moors« zum Hamburger Schlachtruf hochstilisiert zu haben, kann an dieser Stelle nur vermutet werden: Es waren wieder skrupellose Andenkenladenbesitzer, die ihre Schaufenster neben Buddelschiffen und Prinz-Heinrich-Mützen auch mit geschnitzten, gegossenen, geformten oder gehäkelten Hummel-Hummel-Figuren vollstellen wollten, einzig aus dem Grund, ahnungslose Touristen hinters Licht zu führen und die stilistisch sensiblen Hamburger geschmacklich zu terrorisieren.

Apropos Geschmacksterrorist: In der City trägt der Herr auch bei dreißig Grad im Schatten keine kurzen Hosen. Mit einem blitzenden Goldkettchen, dicker Rolex, offenem Hemd und solarienbraunem Teint wird man Sie unverzüglich ins Ludenmilieu einreihen. Oder Ihren Wohnort in der Nähe von Pinneberg vermuten. Mit dezentem Kostüm oder blauem Blazer zur grauen Hose gehen Sie dagegen rein äußerlich fast schon als Hanseat durch.

Nicht durchkommen werden Sie dagegen mit dem Auto. Nicht nur durch den Elbtunnel, sondern auch durch die Stadt. Lassen Sie also Ihr Auto, wenn möglich, da stehen, wo es ist. Überall dort, wo es interessant ist, finden Sie ohnehin keinen Parkplatz. Falschparker werden in Hamburg unnachsichtig mit Tickets traktiert, deren Gebühren in schöner Regelmäßigkeit angehoben werden, und mit dem Abschleppen ist die Polizei erst recht nicht zimperlich. In meinem Hamburger Willkommensmonat habe ich es geschafft, innerhalb von nur einer Woche dreimal abgeschleppt zu werden – und das für Parkverstöße, für die man in anderen Metropolen höchstens ein mildes Lächeln übrig hat.

Aber noch einmal zurück in die Bäckerei. Vielleicht wundert es Sie, daß es in Hamburg nicht nur Backwaren gibt, die Sie noch nie zuvor gesehen haben, sondern daß ebendiese Backwaren die Auslagen der Bäkkerei so penetrant besetzen wie sonst nur Harry-Potter-Bücher die Tische der Buchhändler. Es handelt sich hierbei vor allem um den Typus des sogenannten »Franzbrötchens«. Wenn Sie also wissen wollen, was es damit auf sich hat, und gleichzeitig meinen, sich der Verkäuferin gegenüber von einer besonders originellen Seite präsentieren zu müssen – vermeiden Sie trotzdem Scherze wie: »Ich hätte gern Franz Brötchen, das heißt, natürlich nur, wenn er nichts dagegen hat.« Das Franzbrötchen heißt nämlich nur Franzbrötchen, weil ... – ja, das weiß eigentlich niemand. Selbst Bäcker nicht. Aber nach umfangreichen Recherchen bin ich endlich auf des Rätsels Lösung gekommen: Die wohlschmeckende Zimt-Teig-Mischung, die optisch stark an eine Rosinenschnecke erinnert, heißt ursprünglich »Französisches Brötchen«. Warum auch immer. In Frankreich jedenfalls gibt es so was nicht. »Franzbrötchen« ist also sozusagen nur der Spitzname eines Gebäckstücks, das es wahlweise auch mit Zuckerguß und Rosinen gibt.

Ebenso typisch ist der »Krause Klöben«, von dem ich nichts weiß, weil ich ihn noch nie gegessen habe, aber aufgrund bestimmter Indizien vermute ich, daß sich darin ähnlich unidentifizierbar ineinander vermatschtes Zeug befindet wie in Rumkugeln. Also alles, was nach dem abendlichen Fegen in der Backstube auf dem Kehrblech gelandet ist.

Der Hamburger, auch das ist zu beachten, läuft ungern (das Joggen um die Außenalster steht auf einem anderen Blatt). Es gilt sogar als höchst unfein, zu drän-

geln oder gar zu schubsen, und wenn im teuren Fein-
kostgeschäft ein Kunde des längeren oder breiteren
über Farbe, Form und Herkunft einer Mohrrübe, hier
»Wurzel« genannt, diskutieren will, dann heißt es für
die anderen, höflich Ruhe zu bewahren. Jeder weiß:
Wenn er an der Reihe ist, wird der Verkäufer auch
ihm seine ungeteilte Aufmerksamkeit schenken.
Ebenso unfein ist es, mit Geld, dicken Schmuckstük-
ken oder gar Orden zu protzen: Der Hamburger betrachtet es als einzige ihm angemessene Auszeichnung,
Hamburger zu sein. Deshalb sollten Sie es eigentlich
vermeiden, so zu tun, als seien Sie einer. Früher oder
später würde man Sie doch durchschauen (und nichts
ist Hamburgern ein größerer Dorn im Auge als Prä-
tention).

Ausnahmsweise jedoch – der Titel dieses Buches
impliziert das ja – und weil wir uns schließlich auf
einer Reise zum Inneren der kühlen Hansestädter befinden, ist die letzte Station unserer Odyssee: eine
Gebrauchsanweisung. Für Hamburger und solche, die
es werden wollen. Wenn Sie sich streng daran halten,
wird es Ihnen möglich sein, zumindest so lange uner-
kannt zu bleiben, bis Sie des Hanseaten Kern geschaut
haben. Und das ist schließlich unser Ziel.

Gebrauchsanweisung für Hamburger – und solche, die es sein wollen

Machen wir es kurz. Sie gehen jetzt erst mal zum Schneider. Was Sie da sollen, müßten Sie mittlerweile gelernt haben. Nach wenigen Stunden finden Sie sich vor dem Eingang des Schneiders oder guten Herrenausstatters in Trench und Tweed gekleidet wieder, mit Lederflicken am Ärmel. Sie tragen die rötlichblonden oder bereits ergrauten Haare zurückgekämmt wie Lord Owen. Sie nennen sich fortan »Harvey«. Auch wenn Sie eigentlich Hans-Joachim heißen. Sie lieben rosa Hemden und leben sehr gut vom Antiquitätenhandel. Wenn man Sie jedoch fragt, wie die Geschäfte laufen, lautet Ihre Antwort entweder »schlecht« oder »sehr schlecht«. Dazwischen gibt es nichts.

Wenn Ihre Frau Sie verlassen hat, ziehen Sie eine Braue hoch und sagen etwas wie: »Oh, she's gone.« Auch wenn Sie unter der Trennung leiden wie ein Hund. Tränen in den Augen dürfen Sie erst haben, wenn Ihr Jaguar seinen Geist aufgibt. Dann gehen Sie am besten in den Anglo-German Club am Harvestehuder Weg, um sich zu trösten. Denn an diesem diskreten Zufluchtsort für Gentlemen treffen Sie ausschließlich auf Gleichgesinnte, die viel Verständnis für

Ihre Probleme aufbringen. Die Gleichgesinnten tragen graue Anzüge zu grauen Haaren und rosigen Gesichtern, die irgendwie an Roastbeef erinnern und aussehen, als sei ihnen die Quellensteuer auf den Magen geschlagen. Das Porträt der Queen (der ehemals einzig zugelassene weibliche Gast, der immer gern gesehen ist) hängt, angestrahlt, im Clubzimmer. Sie nehmen Ihren Portwein in speckig blanken Ledersesseln, auf denen man nur in britischen Flanellhosen Halt findet, und blättern in Rover-Katalogen. In einer Zeit zunehmenden Werteverfalls, in der Austern von Papptellern verzehrt werden, Menschen in Trainingsanzügen verreisen und Krawatten schreien, statt dezent hinter grauen Westen zu verschwinden, blicken Sie mit einem Seufzer nach Großbritannien, der letzten Bastion kultivierter Lebensart. Den kleinen Finger leicht abgespreizt vom Glas, machen Sie ein Gesicht wie James Bond bei der Bestellung eines Wodka-Martinis, geschüttelt, nicht gerührt. Irgendwie sympathisch-blasiert schauen Sie mit gespielter Langeweile in den Katalog und von Zeit zu Zeit in die Runde der anderen Gäste, von denen niemand wichtiger ist als Sie, und schnippen hier und da ein imaginäres Fädchen von der Hose.

Man mag darüber streiten, ob die englische Lebensart in Hamburg noch eine so prägende Rolle spielt wie in früheren Zeiten. Aber mindestens in diesem Club (immer) und einmal im Jahr, beim Deutschen Derby der Galopper, präsentiert sich die Hansestadt wirklich »very British«. Zu diesem gesellschaftlichen Top-Event dürfen Sie natürlich auch nicht fehlen, denn dann weht in Hamburg-Horn ein Hauch von Royal Ascot, und die Damenwelt von Rang und Namen lädt zur Galaschau der extravaganten Hutmode ein. Da klingt noch einmal an, daß Sport auch im bürgerlichen Hamburg nicht immer ein klassenloses Volksvergnügen gewesen ist. Rudern und Hockey, zwei Hamburger Traditionssportarten, waren lange eine Domäne reicher Bürgersöhne. Und in den noblen Golf- und Poloclubs sind die Vermögenden noch immer unter sich.

Wenn Sie also im Anglo-German Club lange genug »unter sich« waren, haben Sie die Akklimatisierungsphase gut überstanden. Denn jetzt haben Sie sozusagen in Drachenblut gebadet. Jetzt kann Ihnen so schnell nichts mehr passieren. Jetzt können Sie im Grunde noch mal von vorn anfangen zu lesen – und all das ausprobieren, was Sie auf unserer virtuellen Kreuzfahrt schon erlebt haben.

Sie werden feststellen, daß es ein Ereignis ist, hier zu leben, sich hier zu bewegen, in dieser ländlich-gediegenen Großstadt, die alle Vorteile einer Metropole bietet, ohne wirklich eine zu sein. Im Gegenteil: Als Metropolenkurort ist Hamburg einzigartig. Und das ist es wohl auch, was den besonderen Charme der Hansestadt ausmacht: Die Abwesenheit großstädtischer Alltagsgewalt, großstädtischer Großmannssucht und großstädtischer Lebensgier von Idioten, die allzeit fürchten, etwas zu verpassen – und sich in ihrer Bedeutungslosigkeit anmaßen, den Mittelpunkt des Geschehens zu bilden.

An der auskömmlichen, gut gepolsterten Peripherie lehrt Hamburg seine Bewohner, daß es auf anderes
ankommt: Machtverteilung, Bequemlichkeit, Stil –
und die stimmigen Bilder im Reservoir.

Im Zentrum der Hansestadt aber schicken immer
noch die Kräne ihren unerklärlichen Lockruf durch
die Finsternis einer Stadt, deren Poesie man erst begreift, wenn es dunkel wird. Womit wir wieder am
Anfang wären.

Textnachweise

Folgende Texte sind bereits in der vorliegenden Form an anderer Stelle veröffentlicht worden: »Könige« in der Anthologie »Die Akte Ex – Abrechnungen mit der Liebe von gestern« (Hg. Leander Scholz / Michael Zöllner, Rowohlt 2000); »Das rote Adreßbuch« und »Warten auf die Löwen« u. a. in der Internet-Anthologie »Null« (Hg. Thomas Hettche / Jana Hensel, als Buch bei DuMont 2000).

Der Text über Rüdiger Nehberg ist in veränderter Form unter dem Titel »Mit dem Tretboot über den Atlantik« u. a. in der Tageszeitung »Junge Welt« und im »Hamburger Ziegel« (1998 / 99) erschienen; die Texte über das Pornokino, die Butterfahrt und die Agentur für Alltagsdienste erschienen in stark veränderter Form und unter anderen Titeln als Reportagen in der Zeitschrift AMICA. Die Passage über den Anglo-German Club folgt einem Text von Emanuel Eckardt (»Hamburg – Das Insider-Lexikon«, Beck 1996).

Danke

Ein Dank geht (in der Reihenfolge ihres Auftretens) an: Thomas Tebbe, Karin Graf, Heinke Hager, Silja Ukena (von der auch Teile der Clarissa-Typologie stammen) – und vor allen an Dirk Schümer, der mir erlaubt hat, seine wundervollen Hamburg-Texte hemmungslos zu plündern und ohne den dieses Buch jetzt wahrscheinlich im Science-Fiction-Regal stehen würde. Außerdem danke ich all den unbekannten und bekannten Schreibern der vielen Hamburg-Bücher, die sich große Mühe gemacht haben, etwas über diese Stadt herauszufinden, das ich dann nur abschreiben mußte. Ein spezieller Dank geht an Sie. Dafür, daß Sie diese Gebrauchsanweisung gekauft haben. Ich hoffe, sie war Ihnen als Führer eine angenehme und vielleicht sogar nützliche Reise.

PIPER

Heinz Ohff
Gebrauchsanweisung für England

187 Seiten. Geb.

Es gibt sicher kein Land auf der Welt, das einer Gebrauchsanweisung dringender bedarf als England. Ob Royals oder
Roastbeef, Linksverkehr oder Rechtsgebräuche: Heinz Ohff
führt in alle Absonderlichkeiten des Inselkönigreiches mit
jenem Humor ein, der seit jeher als Abbild englischer Fleisch-
gerichte, keinesfalls aber des englischen Wetters gilt – dem
trockenen.
Ein Buch für alle, die England lieben, und eine freundliche
und verständnisvolle Einführung in die Eigenart eines ganz
besonderen europäischen Volkes.

PIPER

Heinz Ohff
Gebrauchsanweisung für
Schottland

208 Seiten. Geb.

Schottland ist nicht England. Es hat eine eigene Sprache,
eine eigene Kultur, eine eigene Rechtsprechung, eine eigene
Kirche und sogar ein eigenes Wetter. Wie es dazu – und zur
Vereinigung mit dem Inselnachbarn, England – kam, sollte
man wissen, ehe man das Land besucht. Heinz Ohff erzählt
nicht nur Wichtiges aus der schottischen Geschichte,
sondern auch von den Eigenheiten der Leute im Norden
Großbritanniens, in Lowlands und Highlands. Warum sich
zum Beispiel Glasgow und Edinburgh ebenso wenig mögen
wie Dundee und Aberdeen, was es mit Porridge, Whisky
oder Haggis auf sich hat, warum die schottische Küche so gut
und mancher Dialekt so unverständlich ist. Fragen nach dem
Ungeheuer von Loch Ness, den Regeln der Highland-Games,
dem angeblichen Geiz der Bewohner und was diese unterm
Kilt tragen, erübrigen sich nach der Lektüre dieses Buches.

PIPER

Maxim Gorski
Gebrauchsanweisung für Deutschland

173 Seiten mit elf Zeichnungen von Heinz Birg. Geb.

Maxim Gorski kennt Deutschland wie kaum ein anderer:
der östliche wie der westliche Teil ist ihm wohlvertraut,
und all die Abgründe, die sich dem Fremden wie dem
Eingeborenen in diesem Land auftun, weiß er mit Ironie
und Feingefühl auszuloten.
Er widerlegt den Mythos von der Schwierigkeit der deutschen
Sprache, gibt Überlebenstips für die berühmten Autobahnen,
geht der Frage nach der sprichwörtlichen Gemütlichkeit
ebenso nach wie den Labyrinthen der deutschen Kochkunst
zwischen Jägerschnitzel, Toast Hawaii und der legendär
gewordenen »Sättigungsbeilage« der Original-DDR-Speise-
karte.
Dieses Buch benötigt jeder, der es mit Deutschland zu tun
bekommt: ob es ihm als Reiseland, als Heimat oder als
Phänomen begegnet – noch nie zuvor wurde dieses urgemüt-
liche Inferno zwischen Saumagen und Sinnsuche, zwischen
Autolack und Ahnentreue genauer, liebenswürdiger und
hinterhältiger beschrieben.

PIPER

Ralf Sotscheck
Gebrauchsanweisung für Irland

208 Seiten. Geb.

Irland, die Trauminsel der Deutschen, spätestens seit Heinrich
Böll, ist vielleicht der Flecken Erde, auf dem pro Quadratmeter
die meisten Klischees angesiedelt sind. Ob überhaupt einer,
und wenn, welcher wahre Kern in ihnen steckt, darüber gibt
dieses Buch detailliert Auskunft. Wie verhält es sich wirklich
mit der irischen Frömmigkeit, da doch kaum ein anderes Volk
derart ausdrucks- und liebevoll zu fluchen weiß? Gibt es einen
Zusammenhang zwischen dem notorischen Alkoholismus
und der Ausnahmestellung, die Irland in der Weltliteratur
einnimmt?
Ralf Sotscheck weiß über diese und viele andere Themen mit
typisch irischer Fabulierlust zu erzählen – eine Geschichte
ergibt die andere, und zusammen ergeben sie ein buntes Puzzle
dieses einzigartigen Landes.

PIPER

Paul Watzlawick

Gebrauchsanweisung für Amerika

159 Seiten mit sieben Zeichnungen von Magi Wechsler. Geb.

Die USA eignen sich zum Traumland wie zum Feindbild:
Im Lande der unbegrenzten Möglichkeiten gibt es bis heute
noch keine runden Fußbälle, und seine Bewohner können
immer noch nicht mit Messer und Gabel gleichzeitig essen.
Grund genug, sich dem erfahrenen Atlantik-Pendler Paul
Watzlawick anzuvertrauen …
Diese »Gebrauchsanweisung« ist kein Reiseführer im land-
läufigen Sinn, sie erwähnt keine Kathedralen und Museen,
sondern will dem Europäer die USA-Wirklichkeit näherbringen – von der tierisch ernsten Zollkontrolle am Flugplatz,
den unvermuteten Tücken der amerikanischen Uhrzeit, des
Datums, der Maße, Gewichte und Adressen, von Kredit und
Kreditkarten sowie den Merkwürdigkeiten der Umgangsspra-
che bis zum Begründer dieser Gewohnheiten und Institutionen,
dem »homo americanus«. Auch an sich trockene Themen wie
Verkehrsgesetze oder Dienstleistungen des Telefons werden
leicht, humorvoll und manchmal boshaft behandelt.

PIPER

Martin Pristl
Gebrauchsanweisung für Griechenland

192 Seiten mit 16 Zeichnungen von Kostas Mitropoulos. Geb.

Mehr als zehn Millionen Touristen landen Jahr für Jahr auf den
rund 130000 Quadratkilometern Erde zwischen dem Morgen-
und dem Abendland: in Griechenland. Goethe, selbst niemals
dort gewesen, mußte wohl so manche Sonderlichkeit geahnt
haben und empfahl, das Land der Griechen mit der Seele zu
suchen. Viele scheitern jedoch schon auf der Suche nach den
weißen, unberührten Traumstränden, die auf so vielen Werbe-
plakaten in den Reisebüros abgebildet sind. Martin Pristl weiß,
daß es in Wirklichkeit immer ein und derselbe ist: der Myrthos
Beach auf der Insel Kephallonia, praktisch unerreichbar für
Normalsterbliche und gerade deshalb noch so göttlich.
Die Geschichte vom Myrthos Beach ist nur eines der Geheim-
nisse, die der Autor lüftet. Er kennt viele verborgene Schätze
jenseits von Sand und Säulen – vor allem aber läßt er den
Leser einen tiefen Blick in das größte Geheimnis des Landes
werfen: in die Seele der Griechen selbst.

PIPER

Arno Frank Eser
Gebrauchsanweisung für Kuba

204 Seiten. Geb.

Alles an ihr ist Mythos – die grüne Karibikinsel Kuba. Seit Jahrhunderten scheinen sich auf Kuba die Widersprüche zu einer berauschenden Stilübung zu vereinen – Mambo und Jazz, Katholizismus und Santeria, die sozialistische Revolution und die versunkene Pracht der Zuckerbarone. Kuba, das war schon immer Improvisation, wer dort überleben will, braucht Phantasie und Gelassenheit. Dort, wo die Hotelhallen wie Kulissen für Gangsterfilme wirken, wird der alltägliche Behördengang zur absurden Komödie, der Brotkauf zur Geduldsprobe. Trotz allem, trotz politischer Repression durch die kommunistische Partei ihres *comandante* Fidel Castro, trotz des täglichen Stromausfalls lieben die Kubaner ihre Heimat, sie sind die Meister im Verdrängen. Sie haben sich eingerichtet mit den zerfallenden Fassaden und den vielen Freizeit-Prostituierten, den *jineteras*. Davon und wie man trotz Treibstoffmangel und Schlaglochorgien über die Insel kommt, erzählt Arno Frank Eser auf kurzweilige und anregende Weise.

PIPER

Nikolaus Nützel
Gebrauchsanweisung für Andalusien

202 Seiten. Geb.

Ganz Spanien ist katholisch. Ganz Spanien? Nein, in Andalusien erheben sich neben den christlichen Kathedralen stolze Minarette in den Himmel: Das jahrhundertealte maurische Erbe in Städten wie Sevilla und Malaga ist unübersehbar. Doch auch in anderer Hinsicht gedeihen in der spanischsten aller spanischen Regionen die Gegensätze: die inbrünstig begangenen Osterprozessionen, Fest reuiger Sünder, sind Jahrmarkt der Eitelkeiten und neben der berühmten Corrida größtes Spektakel des Landes. In Andalusien leben die reichsten Feudalherren neben den ärmsten Tagelöhnern, versucht man noch immer, das Heute mit dem Gestern zu versöhnen. Und natürlich spricht hier niemand spanisch – nur deutsch und andalusisch. Wie all diese Gegensätze zueinanderfinden und was es mit den Weißen Dörfern und den legendären Gitanos auf sich hat, davon schreibt Nikolaus Nützel in seinem Buch über das mythische Andalusien, die beliebteste Reiseregion der iberischen Halbinsel.

Martin Wagner
Gebrauchsanweisung für Israel

191 Seiten. Geb.

Diese »Gebrauchsanweisung für Israel« ist ein Buch für
Neugierige, die sich nicht mit den Schlagzeilen zufrieden
geben, die Israel immer wieder in der Weltpresse macht.
Man erfährt, wie jüdische Feiertage begangen werden und
warum es an manchen kein Brot gibt. Man bekommt einen
Einblick in die israelische Bürokratie und einen Vorgeschmack
auf das, was einen beim Autofahren auf den Straßen erwartet.
Es wird vor allem aber klar, wie sehr Israel und die Israelis
von ihrer Geschichte geprägt sind, und natürlich fehlt auch
der Konflikt mit den Palästinensern nicht.
Geschrieben ist diese »Gebrauchsanleitung« mit einem Augen-
zwinkern und dem Wissen, daß in Israel, wie im ganzen Nahen
Osten, nur eine Regel gilt, nämlich die, daß keine gilt.

PIPER

Uli Franz
Gebrauchsanweisung für Tibet

206 Seiten. Geb.

Kennen Sie Tenzin Gyatso? Nein? Er ist der XIV. Dalai Lama
und damit der prominenteste Tibeter. Er ist ein Mythos, ebenso
wie sein Land, von dem man sagt, es sei der Erde entrückt
und dem Himmel nahe. Tibet ist das Dach der Welt und durch-
drungen von einer allumfassenden Lehre, die mehr ist als eine
Religion, dem Buddhismus. Für viele ist es deshalb spiritueller
Zufluchtsort, seine Klöster sind Reiseziel aller ausländischen
Besucher. Doch Tibet ist nicht nur unendlicher Raum und
sagenumwobene Heimat des Yeti – es liegt auch sehr real
zwischen dem kleinen Nepal und dem unnachgiebigen China.
Seine Besetzung durch die Großmacht aber hat die romanti-
schen Vorstellungen ausländischer Besucher von Tibet nicht
zerstören können.
Uli Franz liefert aus nächster Nähe das Porträt einer erhabenen
Kultur, und wir erfahren von der tiefen Spiritualität der Tibeter
ebenso wie von dem jahrhundertealten Ringen des chinesischen
Drachens mit dem tibetischen Schneelöwen.

PIPER

Uli Franz
Gebrauchsanweisung für China

208 Seiten. Geb.

China ist ein Labyrinth mit vielen Sackgassen. Wer seinen Fuß
hineinsetzt, braucht einen Kompaß, um sich zurechtzufinden.
Aufgebrochen, die größte Industriemacht Asiens zu werden,
ist das ehemalige Reich der Mitte noch immer altes Kulturland
mit einer über 5000 Jahre alten Zivilisation. Dieser Balanceakt
drückt sich in allen Gegensätzen des Landes aus: Die Partei-
parolen und das Wortritual – sind sie nun eine Errungenschaft
des Sozialismus oder ein Überbleibsel des Feudalismus? Oder
die Glaspaläste der Megastädte und die Lehmhütten hinter
Bambushainen, das T-Shirt neben dem Mao-Kittel – sind sie
alle Teil ein und desselben Landes?
Uli Franz bietet dem Leser Einblick und Verständnis in diese
für Europäer immer noch so fremde Welt.